4° Z
LE SENNE
1004

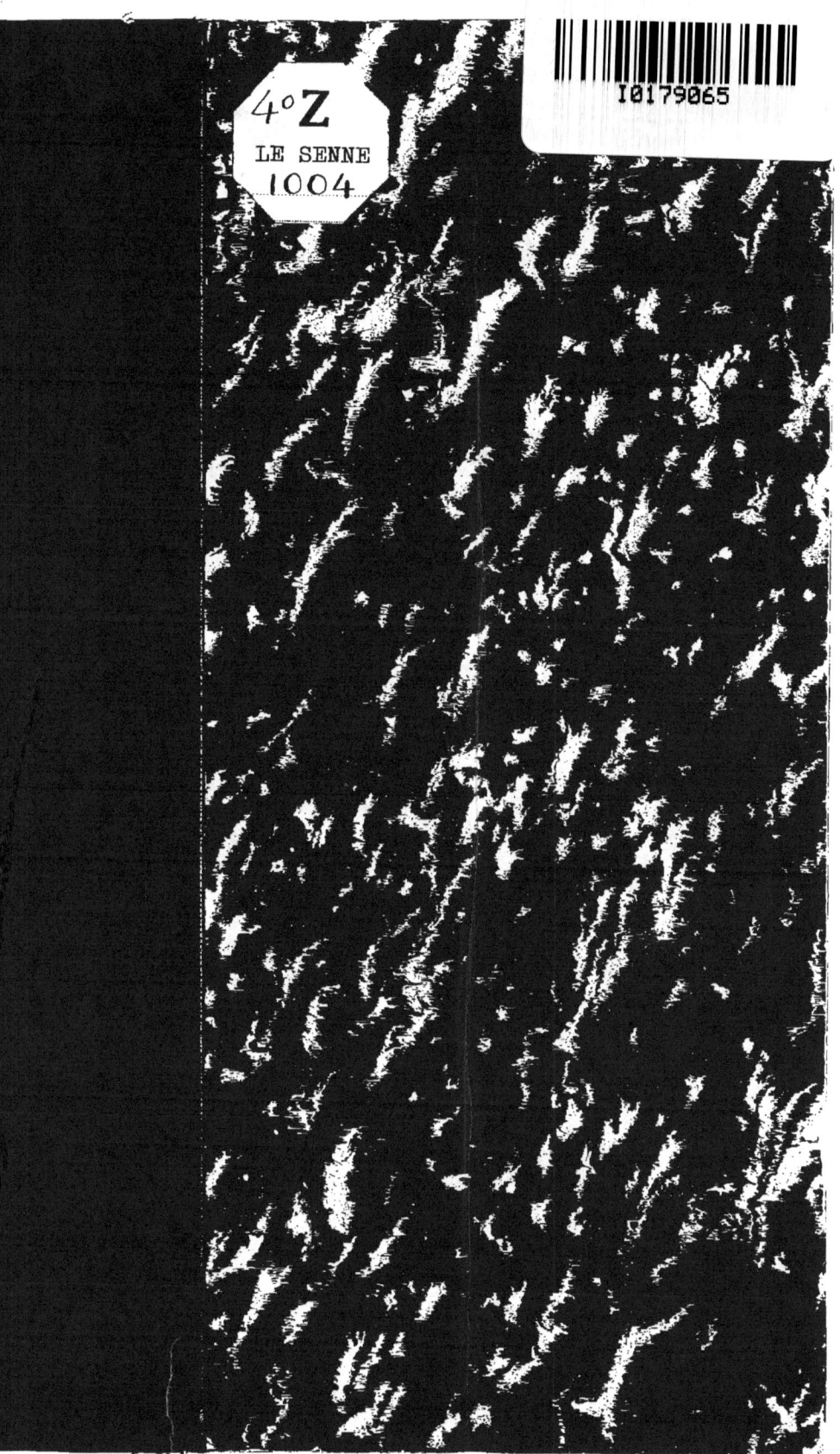

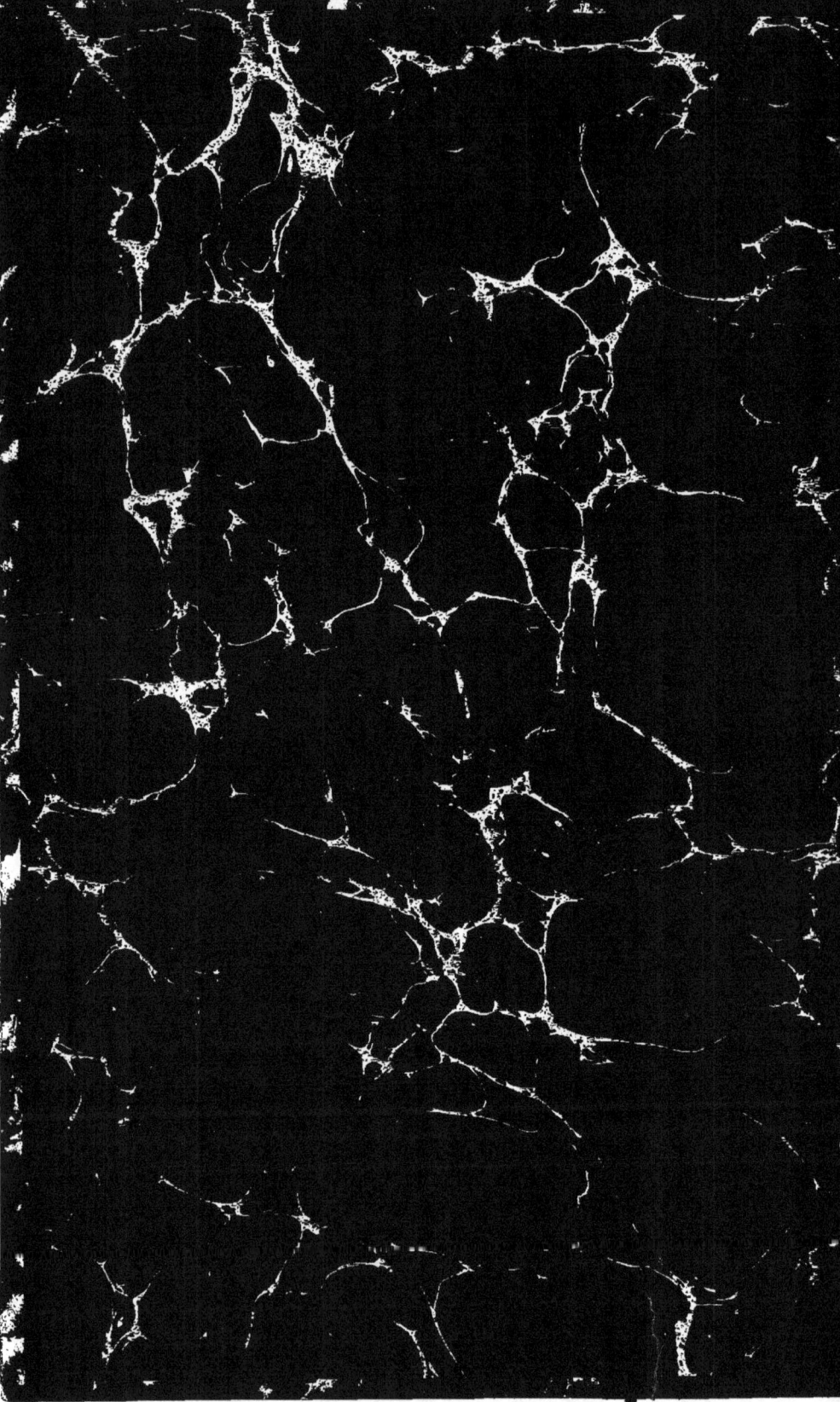

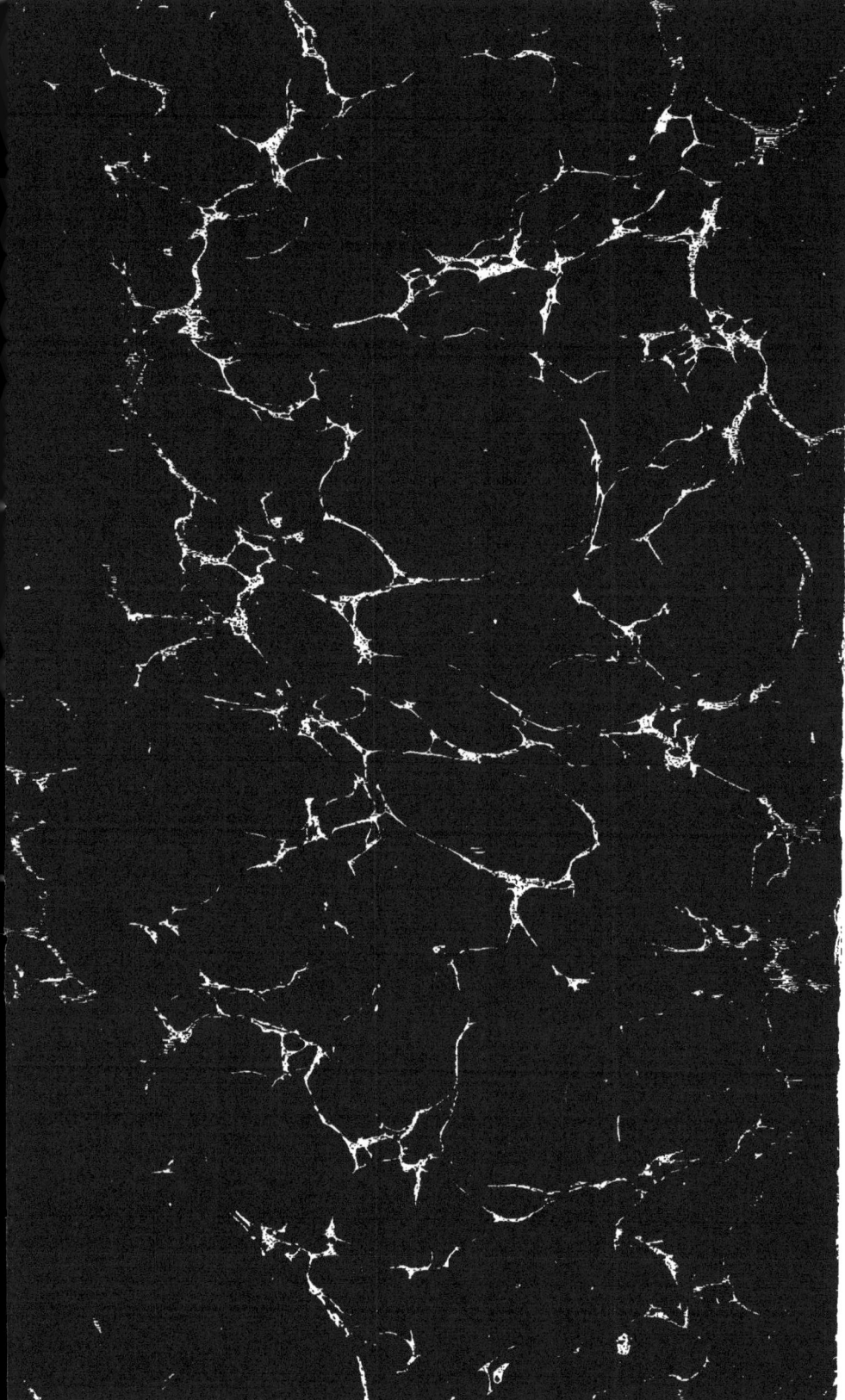

LE
LOUVRE,

PAR M. L. VITET,

DE L'ACADÉMIE FRANÇAISE.

PARIS,
TYPOGRAPHIE DE FIRMIN DIDOT FRÈRES,
IMPRIMEURS DE L'INSTITUT,
RUE JACOB, 56.
—
1853.

AVANT-PROPOS.

Cet essai sur le Louvre a paru en septembre dernier dans un recueil périodique, la *Revue contemporaine*. Il avait alors pour but d'éveiller l'attention sur des travaux qui n'étaient encore qu'en projet, d'en signaler les dangers, de provoquer des études nouvelles.

Ce but n'existe plus aujourd'hui : les travaux s'exécutent sur tous les points à la fois, et les constructions parasites qu'il s'agissait de prévenir sont fondées et dépassent le sol. Il faut donc renoncer à tout espoir d'un projet meilleur.

Mais, de quelque façon qu'on achève le Louvre, l'histoire de ce palais n'en restera pas moins un curieux sujet d'études. C'est à titre de document historique que nous réimprimons ce travail, et, pour en rendre l'intelligence plus facile, nous y joignons un plan sur lequel on peut suivre des yeux les phases successives de ces vastes constructions.

Janvier 1853.

LE
LOUVRE.

L'achèvement du Louvre est décrété. En cinq années, dit-on, cette grande œuvre aura pris fin. La dernière Assemblée a si bien fait les choses, qu'elle a levé l'obstacle à ce prompt dénoûment. Plus de maisons, la place est nette ; les travaux peuvent marcher grand train. Il n'est besoin que d'argent, la moindre chose en ce temps-ci. Quant aux plans, ils sont tout dressés, le sol se creuse, on commence à bâtir; il faut donc nous hâter si nous avons des vœux à exprimer, des avis à ouvrir, des écueils à signaler.

On s'était flatté d'abord que l'aspect des lieux suffirait pour modifier le programme officiel. Depuis que cette place est déblayée, depuis que l'œil y pénètre en tous sens, il est si clair qu'elle n'a tout juste de grandeur que ce qu'il en faut pour être majestueuse ! Jusque-là le public hésitait; l'incertitude a disparu avec les derniers pans de muraille, et chacun se range au parti qui paraît à la fois le plus simple, le plus grandiose et le plus économique. Le public a-t-il tort? connaît-il bien la question? les raisons qu'on invoque pour rétrécir la place sont-elles solides, ou seulement spécieuses? Voilà ce qu'il faut examiner sans passion, sans prévention, en parfaite sincérité. Nous ne laisserons pas ignorer que le parti qui nous semble le meilleur n'est après tout que le moins défectueux. Dans cette difficile entreprise, il n'y a de choix qu'entre les inconvénients. Raison de plus pour y regarder de près, pour éviter la précipitation, pour laisser librement les idées se produire. C'est un genre de franchises dont jamais en ce pays on n'a dépouillé les beaux-arts. Dans des temps et sous des régimes où nul n'aurait osé parler ni des affaires d'État, ni souvent même de ses propres affaires, jamais on n'a fait au Louvre le moindre changement sans tolérer qu'on en parlât. Les brochures, les mémoires, les projets, les contre-projets, pleuvent sous Louis XIV en 1664, aussi bien que sous Louis XV en 1752. C'était déjà quelque chose que de laisser ainsi parler, écouter eût été mieux encore. Combien de fois l'avenir du Louvre n'a-t-il pas été compromis par un peu trop d'impatience chez ceux qui commandaient les travaux, par leur désir, bien naturel, mais pas assez contenu, de jouir de leurs propres œuvres? La plupart des difficultés contre lesquelles il faut lutter aujourd'hui n'ont pas d'autre origine : on aurait pu les prévenir en consentant à y penser quelques instants de plus.

Voilà ce qu'apprend l'histoire du Louvre, histoire pleine d'enseignements. Commençons par la consulter. Pour parler des travaux à entreprendre, il faut avoir étudié les travaux exécutés, savoir à quelle fin ils furent conçus, par combien de vicissitudes, par quelle série de plans successivement abandonnés ce vaste ensemble de constructions s'est vu conduire à son état présent; quelles en sont les parties vraiment dignes de vénération, quelles sont celles qui n'ont droit qu'à un moindre respect. C'est le moyen de comprendre dans quel esprit tout doit être achevé; ce coup d'œil sur le passé est la plus sûre indication de la voie qu'il convient de suivre.

Nous ne dirons que peu de mots des temps antérieurs au seizième siècle, car c'est du monument actuel que nous parlons, et il n'y reste pas un vestige apparent d'une époque plus ancienne. Nous glisserons non moins rapidement sur les événements dont il fut le théâtre. C'est renoncer à un puissant attrait, mais nous risquerions trop d'oublier notre but. Ces murailles, depuis trois siècles, ont abrité ou vu passer devant elles presque toute notre histoire ! Ne portons pas notre ambition si haut. Contentons-nous de chercher dans le Louvre des secrets moins importants sans doute, mais aussi moins connus, les secrets de sa propre histoire.

1.

Le Louvre depuis Philippe-Auguste jusqu'à François 1er.

Qui n'a pas vu Paris du sommet du vieux Louvre ne connaît, à vrai dire, ni le Louvre ni Paris. Ces terrasses sont comme un vaste observatoire d'où la vue plonge sur toute la chaîne de bâtiments qui de la colonnade s'étend jusqu'aux Tuileries ; le meilleur plan, la meilleure vue cavalière, n'en saurait donner une idée aussi nette, aussi saisissante, en faire aussi bien comprendre la grandeur, les divers caractères, les irrégularités et les complications. Puis, si les yeux se portent au delà, de quelque côté qu'ils se tournent, ils ont devant eux le tableau de Paris le plus complet et le mieux composé. C'est un panorama qu'on ne retrouve ni sur le Panthéon, ni sur le dôme des Invalides, ni même sur les tours Notre-Dame. Tous ces points culminants sont trop écartés du centre, trop voisins des faubourgs ; de là des premiers plans sans style et sans grandeur, l'abaissement des principaux édifices dont l'éloignement fait descendre l'échelle, et la diminution de la ville elle-même qui semble en partie s'effacer et disparaître à l'horizon. Du haut du Louvre, au contraire, vous êtes au cœur même de Paris : tout ce qu'il renferme de constructions monumentales se dresse et se groupe autour de vous. La Seine s'élargit sous vos pieds pour embrasser dans sa courbe élégante cette île de la Cité qui semble s'avancer comme un imposant navire ; puis, pour couronner ces magnifiques premiers plans, pour encadrer les longues forêts de maisons qui leur succèdent, à tous les points de l'horizon s'élève une ceinture de collines verdoyantes. Quand on veut mettre notre capitale à son vrai rang parmi celles qu'on lui compare, c'est sur ces terrasses de la cour du Louvre qu'il faut avoir soin de la faire admirer.

Eh bien, cette place si favorable pour contempler le moderne Paris est peut-être aussi la mieux faite pour rêver, pour imaginer le Paris d'autrefois, le Paris contemporain des premiers temps du Louvre. Commencez par reconstruire, sur l'autre rive de la Seine, autour de ce clocher encore debout de Saint-Germain des Prés, la vaste enceinte crénelée de l'antique Abbaye, avec ses vigies, ses tourelles, ses herses, ses ponts-levis; puis tout à l'entour dans la plaine, en guise de ces îlots de maisons à quatre étages, faites renaître les métairies, les granges, et toutes les dépendances de la puissante communauté; en descendant cette rive gauche du fleuve jusqu'aux côteaux d'Issy, continuez à tout démolir pour laisser reparaître une immense prairie entrecoupée de bouquets de verdure, de petites pièces de vigne et de cultures potagères; des saules, des érables s'élèvent çà et là au bord de l'eau sur la berge mal endiguée; vis-à-vis, sur la rive droite, l'aspect est plus aride, le terrain sablonneux; on voit fumer des fours à briques et quelques pauvres *tuileries* : mais au delà commence une épaisse forêt qui va se perdre à l'horizon et s'étend vers le nord jusqu'au pied du Mont-Martre. Ne changez pas grand'chose à la silhouette de ce coteau, laissez-lui même ses moulins. En inclinant vers l'est, vous rencontrez, au delà du rempart de la ville, les tours de l'abbaye Saint-Martin et comme un gros village autour d'elles, le bourg l'Abbé; puis en deçà du rempart, de longues files d'habitations et de jardins, qui descendent jusqu'à la Grève. Passant de là dans la Cité, vous y trouvez un amas de maisons plus serrées encore qu'aujourd'hui, et les deux tours de la Métropole, qui, quoique inachevées, dominent déjà la ville entière; enfin, après ce grand circuit, il ne vous reste plus qu'à regarder à vos pieds : transformez en créneaux et en mâchicoulis ces balustres italiens sur lesquels vous vous appuyez; de ce jardin de l'Infante, faites un fossé plein d'eau, séparez-le de la rivière par une double muraille garnie de robustes tourelles, et vous voilà transporté à six siècles en arrière, vous êtes sous Philippe-Auguste, au sommet de la grosse tour qu'il vient de faire construire, et si le soleil commence à baisser, vous pouvez voir le roi, au retour de la chasse, passer l'eau dans son bateau, s'en retournant coucher dans son palais de la Cité.

Telle est l'idée qu'il faut se faire de Paris et du Louvre au commencement du treizième siècle. Pour remonter plus haut les documents nous manquent. C'est en 1204, l'année où la tour fut construite, que pour la première fois le nom de Louvre est officiellement prononcé. Jusque-là le champ n'est ouvert qu'aux conjectures. Les uns attribuent à Childebert, les autres seulement à Louis le Gros, les premiers fondements de ce palais de nos rois ; ceux-ci en font d'abord un rendez-vous de chasse, une louveterie, *lupara* ; ceux-là, dès l'origine, un château fort, un moyen de commander la rivière en face de la Cité. Ce qui paraît probable, c'est qu'il existait là, avant Philippe Auguste, un castel fortifié ; que ce roi y fit de grands changements, le reconstruisit même presque en entier, mais n'en fut pas le fondateur. Les historiens du temps désignent sans cesse la grosse tour bâtie en 1204, sous le nom de la tour *neuve*, ce qui constate évidemment l'existence d'autres tours plus anciennement construites.

A partir de 1204, les détails abondent. Nous savons les dimensions, la forme, la position de la nouvelle tour. Elle était moins élevée, mais à peu près du même style que le grand donjon de Coucy, cette merveille de notre vieille architecture militaire, bâtie cinq ans auparavant, en 1199. Elle occupait le centre d'une cour carrée, grande à peu près comme le quart de la cour actuelle du Louvre, et correspondant, sauf quelques toises de plus, à celui des quatre compartiments de cette cour qui en forme la partie sud-ouest (1); en d'autres termes, les murs extérieurs du Louvre de Philippe-Auguste, non compris le double revêtement des fossés qui les enveloppaient, s'élevaient, à l'ouest, sur les mêmes fondements

(1) Voir le plan, n° 1.

que la façade actuelle qui regarde les Tuileries ; au sud, à peu près sur l'emplacement du gros mur qui sépare en longueur le musée des antiques du côté de la rivière ; à l'est, sur une ligne correspondante, ou peu s'en faut, à la face orientale du pont des Arts, et au nord, sur une autre ligne aboutissant à l'extrémité septentrionale du pavillon de l'Horloge (1). Ces limites sont importantes à constater, parce que nous allons voir jusqu'aux premières années du dix-septième siècle cette cour du Louvre, malgré toutes les transformations de son architecture, se maintenir constamment dans ses dimensions primitives.

Les constructions qui du temps de Philippe-Auguste formaient les quatre côtés de cette cour étaient purement militaires, destinées à la défense plus qu'à l'habitation, sans sculptures ni ornements, et percées çà et là de rares et étroites ouvertures. En les surmontant de ce puissant donjon qui dominait la ville, en doublant leur épaisseur, en les armant d'innombrables tourelles, Philippe-Auguste voulait donner à son pouvoir, à sa suzeraineté, un aspect formidable. On sait qu'il y réussit, et que la tour du Louvre fut bientôt la terreur des vassaux révoltés. Le premier qui l'étrenna, Ferrand, comte de Flandre, pris au pont de Bouvines, y subit une longue captivité, et bien d'autres y furent enfermés après lui. Cette tour devint comme l'emblème de la puissance royale ; c'est d'elle que relevèrent les grands fiefs de la couronne, c'est à elle que les hommages furent rendus, « et maintenant qu'elle est détruite, dit Sauval, maintenant qu'il n'en reste pas la moindre pierre, c'est d'elle que relèvent encore nos ducs et pairs, c'est à elle, ou plutôt à son nom, et comme à son ombre, qu'ils doivent foi et soumission. »

Il ne paraît pas que les successeurs immédiats de Philippe-Auguste se soient beaucoup occupés du Louvre. Saint Louis, seul, passe pour y avoir fait quelque dépense : il y construisit, dans l'aile occidentale, une grande salle qui porta longtemps son nom ; mais toute sa prédilection fut, comme on sait, pour l'ancienne demeure des rois ses aïeux, le palais de la Cité, et surtout pour

(1) Voir le plan, n° 2.

Vincennes, qu'il ne cessa d'orner et d'agrandir. Le seul roi qui, depuis Philippe-Auguste, ait fait au Louvre de longs et importants travaux, c'est Charles V. A partir de son règne commence une nouvelle phase dans l'histoire de ce monument. Le château fort se transforme en palais, ou, pour mieux dire, en un lieu habitable. Rien n'est encore changé à l'aspect extérieur des constructions : c'est toujours une forteresse hérissée de tours, entourée de larges fossés ; mais les ouvertures, jusque-là si rares et si étroites, s'agrandissent et se multiplient ; du côté de la cour, elles prennent les dimensions de véritables fenêtres, et sont défendues par des barreaux de fer moins massifs et moins rapprochés. Non-seulement on se donne plus d'air et plus de jour, mais on demande à la sculpture de jeter quelque décoration sur ces murailles jusque-là toutes nues. Les mœurs s'étaient adoucies, les usages se modifiaient, un certain besoin d'élégance commençait à se faire jour. Ces premiers essais du luxe, ces superfluités dispendieuses qui révoltent Christine de Pisan chez une riche bourgeoise de son temps, la cour les accueillait avec ardeur, tout en restant le plus souvent fidèle aux simples et rudes habitudes de l'ancienne vie féodale. Contraste dont, à chaque pas, ce temps nous présente l'image.

Ce serait un long récit que de raconter tous les travaux de Charles V au Louvre. Sauval, qui, au temps où il écrivait pouvait encore consulter les plus anciens registres des *OEuvres royaux* conservés au trésor de la chambre des comptes, entre à ce sujet dans des détails circonstanciés. Ses explications, quoiqu'un peu confuses, ont permis à M. de Clarac de tenter, dans l'introduction de son *Musée de Sculpture*, une restitution, et même une représentation graphique du Louvre tel qu'il devait être vers les dernières années du sage et judicieux monarque. Ce travail, bien qu'en partie conjectural, est instructif et intéressant. De tout l'Essai historique de M. de Clarac sur le Louvre, c'est la partie la plus complète et la mieux étudiée. Nous sortirions de notre plan, si nous le suivions sur ce terrain. Bornons-nous à établir que Charles V ne changea rien, ni à la grande tour, ni au périmètre des quatre corps de logis principaux, reconstruits par Philippe-Auguste; qu'il se contenta de les surélever de quatre à cinq toises et d'augmenter le nombre des tours. Puis, pour arriver aux étages supérieurs, devenus les plus riches et les mieux accommodés, il appliqua, contre une des façades intérieures du château, une vis ou escalier circulaire, dont son architecte, son maître des œuvres, Raymond du Temple, avait fait, dit-on, une merveille, tant il l'avait découpée finement, tant il l'avait enrichie de sveltes statues et de tous les ornements élancés et délicats qui se marient si volontiers à l'élégant ogive du xiv⁰ siècle.

Malgré ces embellissements, et bien qu'on eût ménagé aux appartements royaux des vues sur la rivière, le séjour de cette forteresse eût été par trop sévère, si le roi n'eût fait élever en dehors des fossés une multitude de bâtiments de service et d'agrément d'une hauteur moyenne, formant ce qu'on appelait alors des basses cours, et reliés au château par des jardins peu spacieux, du côté de la rivière, mais assez étendus du côté opposé. On ne peut imaginer tout ce qui était entassé dans ces dépendances et dans ces jardins. Outre des logements pour tous les officiers de la couronne, nous y trouvons une ménagerie garnie de lions et de panthères, des chambres à oiseaux, des volières pour les *papegauts* du roi, des viviers, des bassins, des gazons taillés en labyrinthes, des tonnelles, des treillis, des pavillons de verdure, parures favorites de nos jardins du moyen âge. Ces parterres à compartiments symétriques, jetés au milieu de ces bâtiments si divers de forme et de hauteur, ce chaos de tours et de tourelles, les unes lourdement assises dans le fond même des fossés, les autres suspendues en quelque sorte aux murailles et soutenues en porte-à-faux, ce pêle-mêle de toits pointus, ici couverts de plomb, là de tuiles vernissées, les uns coiffés de lourdes girouettes, les autres de crêtes, de panaches reluisant au soleil : tout cela ne ressemblait guère à ce qu'on nomme aujourd'hui un palais de souverain; mais ce désordre, ces contrastes, qui, pour nous, ne sont que pittoresques, parlaient alors tout autrement aux imaginations, et ne manquaient ni de grandeur ni de majesté.

Ce sont là les beaux jours du Louvre féodal, le temps où il fut vivant, peuplé et bien entretenu. Tout va changer à la mort de Charles V. Déjà ce roi lui-même avait fait à son Louvre quelque infidélité. L'hôtel Saint-Pol, fondé par lui dès le temps de la captivité de son père, s'était achevé et successivement agrandi sous son règne. Il en avait fait la plus commode et la plus magnifique habitation, assise au milieu de jardins qui de la rue Saint-Antoine descendaient jusqu'à la Seine. Il y avait là bien d'autres vergers, bien d'autres tonnelles qu'aux alentours du Louvre ; aussi le nom en est-il resté à deux rues, la rue de *la Cerisaie* et la rue *Beautreillis*, seuls souvenirs encore vivants de cette royale demeure. L'hôtel Saint-Pol devint la résidence favorite de Charles VI et d'Isabelle, et, pendant tout ce long règne, le Louvre resta désert. Puis, quand le nouveau palais fut à son tour abandonné, le Louvre n'en eut pas meilleure chance. Charles VII, vainqueur et maître de Paris, ne put se résigner à vivre en un lieu qui réveillait chez lui de si tristes souvenirs. Il quitta donc l'hôtel Saint-Pol ; mais, au lieu de s'en retourner au Louvre, il ne fit que traverser la rue Saint-Antoine et alla s'établir aux Tournelles.

C'était un séjour moins gai, quoique aussi spacieux. La place Royale tout entière et les maisons qui la bordent n'occupent qu'une partie de l'ancien parc des Tournelles. Cette maison, cédée par la famille d'Orgemont à Jean, duc de Berry, avait été par lui richement décorée. Dans les mains de Charles VII, elle devint un véritable palais, et fit bientôt oublier les agréments de l'hôtel Saint-Pol. On comptait aux Tournelles jusqu'à douze galeries, quantité de préaux et de chapelles, six grands jardins et un labyrinthe merveilleux, surnommé le Dédale. Louis XI, bien qu'il n'eût pas grand goût à imiter son père, adopta pourtant son palais ; seulement, il s'amusa à détacher des jardins le fameux labyrinthe, et en fit don à Coictier, son astrologue, pour en jouir sa vie durant. Charles VIII, pas plus que son père, ne vécut beaucoup à Paris ; mais, chaque fois qu'il y vint, c'est aux Tournelles qu'il descendit. Louis XII y mourut, et François Ier s'y fixa, après avoir enclos dans une même enceinte son propre hôtel d'Angoulème, qui n'en était séparé que par la petite rue des Égouts. Enfin, sans la mort violente de Henri II, sans cette douleur un peu fastueuse qui poussa sa veuve à demander au Parlement de faire raser les Tournelles, et d'en vendre le terrain pour y bâtir des maisons, il est possible que le palais de Charles VII eût conservé longtemps encore le privilége de loger nos rois, et peut-être en fût-il résulté quelque influence sur la destinée physique de Paris, notamment une moindre accélération dans ce mouvement de l'est à l'ouest, que, depuis cette époque, il a constamment suivi.

Tout le temps que la cour habita les Tournelles, le Louvre fut plus que négligé. On ne prenait souci que de ses fortifications. De loin en loin, on réparait aussi quelques salles où certaines cérémonies se célébraient encore : la chambre aux chartes et aux hommages, par exemple, la chambre aux joyaux, la galerie de saint Louis. Quant au reste du vieux manoir, après cent cinquante ans d'un complet abandon, il était tellement vermoulu que de tous les côtés il tombait en ruines; mais, par bonheur, la situation du Louvre est si belle, et ce vieux nom sonnait encore si bien à certaines oreilles, que François Ier s'en émut, et un jour la fantaisie lui prit d'entamer là quelques travaux. Il commença par faire détruire la grosse tour de Philippe-Auguste, qui jetait, disait-on, dans tout le château une grande obscurité et lui donnait un aspect de prison. La démolition fut entreprise en février 1527, et terminée seulement au bout de quatre mois, après des peines infinies. Cette masse avait duré trois cent vingt-trois ans. Quand la cour fut déblayée, le roi tenta de restaurer, dans un des corps de logis, les parties les plus délabrées, mais sans beaucoup de succès, et, au bout d'un an, il laissa là son entreprise. C'est seulement douze années plus tard, en 1539, à la nouvelle du prochain passage de Charles-Quint par Paris, qu'on vit se rallumer son zèle pour le Louvre. Au lieu de recevoir l'empereur dans son hôtel des Tournelles, ce qui eût été plus simple et plus facile, l'idée lui vint de ressusciter, en l'honneur de son hôte, le plus ancien palais de la vieille royauté française. C'était un tour de force. Des milliers d'ouvriers furent mis à la besogne ; on couvrit les murailles de peintures et de tapisseries ; la plupart des fenêtres furent agrandies et vitrées à neuf ; sur les murs et sur les boiseries, on fit revivre, par la peinture et la sculpture, les armes de France que le temps avait effacées ; on redora tout, jusqu'aux girouettes. Puis une bonne partie des gros murs et des tours qui occupaient l'espace entre les fossés du château et la rivière furent démolis, le terrain nivelé, et, sur cette longue rive, on disposa des lices pour les joutes et les tournois. Ces réparations improvisées coûtèrent un argent fou. Sauval nous raconte qu'un registre entier des *OEuvres royaux* était plein de ces dépenses et ne contenait autre chose. Aussi la réception fut-elle splendide ; elle rappela les magnificences du Camp du Drap d'or. Mais notre monarque n'en reconnut pas moins, après la cérémonie, qu'il n'avait fait à si grands frais qu'une décoration de théâtre, et que, pour rendre habitable ce vénérable logis, il fallait s'y prendre autrement : ne plus restaurer, mais bâtir.

Ici, nous entrons en matière : c'est à l'histoire du Louvre actuel que nous sommes parvenus.

II.

Le Louvre sous François Ier et sous Henri II.

Lorsque François Ier prit cette résolution de jeter bas l'ancien Louvre pour le reconstruire à neuf, il y avait vingt-cinq ans qu'il régnait : on était en pleine Renaissance. L'art de bâtir avait subi, depuis le commencement du siècle, une complète métamorphose. Notre vieux style à ogive, après trois cents années d'un règne incontesté, après avoir successivement passé de la plus noble simplicité à la plus élégante richesse, puis au luxe le plus désordonné, s'était en quelque sorte épuisé par l'excès de ses parures, comme un arbre en décadence, dont la séve déréglée produit surabondamment des fruits qu'il ne peut plus nourrir et qui présagent sa fin. Ce style si puissant, si fécond, si bien adapté au genre de société sous laquelle il avait fleuri, était devenu peu à peu également hors d'état, soit de recouvrer sa pureté primitive, soit de se rajeunir par de nouveaux raffinements : son heure était venue ; il ne pouvait échapper à une transformation. C'est alors qu'on vit apparaître cette alliance, parfois bizarre, mais toujours gracieuse, entre les dernières réminiscences de l'ogive dégénérée et les premiers retours à l'art antique, tel que l'avait ressuscité l'Italie, architecture de fantaisie et de transition, dont les premiers débuts remontent au déclin du règne de Charles VIII, qui se continue sous Louis XII, puis sous son successeur, et qui a laissé de si charmantes traces à Amboise, à Gaillon, à Blois, à Chambord et en tant d'autres lieux.

Mais ce n'était là que la première phase d'une révolution commencée. Pas plus en architecture qu'en politique on ne s'arrête sur une pente. De conséquence en conséquence, on va jusqu'au point extrême vers lequel on est attiré. Le but où tendait alors l'esprit d'innovation, c'était la restauration de l'architecture antique, le rétablissement des ordres grecs et romains commentés par Vitruve, la reconnaissance de leur légitimité, de leur autorité, de leurs prérogatives. Cette restauration s'était accomplie depuis longtemps et tout naturellement en Italie. En France, elle tombait des nues ; provoquée seulement par quelques érudits, elle était sans racines sur le sol populaire. Notre vieux goût national, tout blasé, tout hésitant qu'il fût, n'était pas encore d'humeur à se rendre du premier coup; pour le faire abdiquer, il fallait user avec lui de précautions et de ménagements. Voilà pourquoi le commencement du seizième siècle se passa dans une sorte d'armistice et de neutralité : l'ogive ne régnait plus, les ordres ne régnaient pas encore. L'arc surbaissé, cette forme indécise, cette courbe complaisante, qui accepte toute espèce de supports et se prête aux plus fantastiques ornements, était le terme moyen qui ménageait la transition. Mais bientôt les novateurs gagnèrent peu à peu du terrain. Le goût, à son insu, se modifie par la logique : les raisons ne manquaient pas pour décrier ce mélange confus de tous les styles, et pour exalter, au contraire, ces formes savantes dont on souhaitait le triomphe exclusif. D'heure en heure, le public s'accoutuma à voir altérer, puis élaguer, puis proscrire tout élément décoratif suspect d'avoir appartenu, de loin ou de près, à la famille de l'ogive. Bientôt ce travail d'épuration fut à peu près complet, et, de ce jour, la première période de la Renaissance, la période capricieuse et mi-partie fut à son dernier terme. C'est le moment où nous sommes parvenus. Vers 1540, on peut dire que tout pacte, tout compromis avec les idées architecturales des treizième, quatorzième et quinzième siècles était définitivement rompu, et que de notre ancien goût national il ne restait plus vestige. La victoire était à l'Italie, ou plutôt à l'antiquité ; nous aurions dit au paganisme, s'il n'était de mode aujourd'hui de faire de ce mot-là un si étrange abus.

Une fois engagés sur ce terrain de l'imitation, allions-nous perdre toute originalité ? Le génie de l'architecture qui, dès le milieu du douzième siècle, s'était montré chez nous inventif et initiateur, allait-il sommeiller tout à coup ? Après avoir servi d'exemple à l'Europe pendant les plus belles époques de l'ogive, ainsi que l'attestent d'irrécusables preuves que nos plus incrédules rivaux commencent à reconnaître, allions-nous, sous la discipline des ordres classiques, renoncer à toute distinction, à toute physionomie nationale, et nous mettre purement et simplement à la remorque des Italiens ? L'exemple de l'Italie était alors doublement dangereux : d'abord parce que les constructions appropriées à son climat ne peuvent, dans aucun cas, être impunément transportées sous le nôtre ; puis, outre cette raison permanente, parce que vers 1540 l'Italie, en architecture aussi bien qu'en peinture, et dans tous les arts du dessin, commençait à s'écarter du droit chemin, perdant de vue ses propres préceptes, s'ennuyant du simple et du vrai, et se laissant séduire aux premières amorces du style déclamatoire et théâtral.

Nous échappâmes, en grande partie du moins, à l'un et à l'autre de ces dangers, et pourtant la colonie italienne que le roi avait attirée à sa cour, la colonie de Fontainebleau, semblait devoir exercer sur notre avenir architectural une irrésistible influence. Bien qu'elle ne se composât pas d'architectes, elle en comptait quelques-uns, et tous les sculpteurs alors étaient architectes plus ou moins. Les Naldini, les Della Palla, les Antonio Mimi, ne maniaient pas seulement le ciseau, ils se mêlaient volontiers de bâtiments. Si on les eût écoutés, il n'aurait bientôt plus existé en France un seul comble apparent; ces toits d'ardoise, couronnant un édifice, leur semblaient une barbarie, un vieux préjugé gaulois, une tradition incompatible avec la belle architecture; ils n'oubliaient qu'une seule chose, les 50 ou 60 centimètres de pluie qui chaque année tombent sur nos maisons, sans parler de la neige, de la grêle et des giboulées. D'un autre côté, tout en professant pour les *ordres* un respect religieux, et en ne jurant que par Vitruve, ils se permettaient déjà d'interpréter l'antique d'une façon tant soit peu cavalière, cherchant tous, plus ou moins, ce qui dans leur pays faisait alors fortune, la grandeur et l'effet, même aux dépens du naturel; accentuant leurs profils un peu plus que de raison, et ne voyant que sécheresse et maigreur dans cette sage mesure qu'on nommait, avant eux, finesse et distinction. Ainsi, d'une part, ne tenir aucun compte des plus impérieuses exigences de notre climat, et de l'autre nous faire franchir à pieds joints, dès notre entrée dans la carrière classique, la première phase de ce grand style, sa phase la plus pure, cette période de jeunesse et de candeur où s'étaient immortalisés les maîtres italiens du quinzième siècle, les Brunelleschi, les Alberti, les Baltazar Peruzzi, les Bramante, tel pouvait être le résultat des leçons, des exemples, et surtout des sarcasmes venus de Fontainebleau. On y riait de si bon cœur de tout ce qui n'était pas exactement conforme à la dernière mode italienne, et la renommée des rieurs était si grande! elle pouvait imposer à tant de gens!

Par bonheur, il apparut alors chez nous quelques vaillants artistes, esprits droits et résolus, qui comprirent que les lois de la nature doivent être, avant tout, respectées, et que les habitudes nationales méritent bien aussi quelques égards. Presque aussi familiers aux pratiques de l'art que les plus renommés de ces ultramontains; tout aussi enflammés qu'eux pour la cause des ordres antiques, en possédant à fond la théorie, les vénérant avec une ardeur de néophytes qui excluait tout soupçon d'hérésie, ils furent en droit de se faire écouter, et exercèrent un salutaire ascendant sur toutes les constructions importantes entreprises de leur vivant. Grâce à eux, cette seconde période de la Renaissance, la période franchement classique, loin de nous faire descendre, comme on pouvait le craindre, au rang de plats imitateurs, nous ouvrit une route nouvelle et nous devint une occasion, sinon de grandes créations comme au treizième siècle, du moins de combinaisons vraiment originales, qui ajoutent encore un titre glorieux à ceux que nous ont conquis nos architectes du moyen âge.

Le premier pas dans cette voie fut un vrai coup de maître. Deux ou trois ans avant son exil, et déjà moins bien en cour, le connétable Anne de Montmorency, pour se désennuyer, s'était mis à reconstruire son vieux château d'Écouen. Peu amoureux de l'Italie, frondant le goût du roi pour les gens de ce pays, il avait pris un architecte français, Jean Bullant, et lui avait laissé le champ libre. Les façades s'élevaient et commençaient à prendre figure vers 1540, précisément à l'époque où François Ier se disposait à s'occuper du Louvre. Bientôt il ne fut bruit que des *bâtisses* du connétable; c'était la première fois qu'apparaissait en France une construction aussi châtiée, aussi scrupuleusement fidèle aux préceptes de l'antiquité. Son aspect général n'avait pourtant rien d'exotique ni de par trop nouveau; ces ordres si purement profilés, ces pilastres et ces chambranles d'une si juste proportion, ces détails si sobres et si bien encadrés, se mariaient sans effort et tout naturellement aux données principales et essentielles du château seigneurial français. Non-seulement les grands toits à pente abrupte n'étaient pas sacrifiés, mais l'édifice était flanqué de pavillons en saillie, souvenir persistant des anciennes tours féodales; un fossé en défendait l'approche, et du côté de la campagne les façades, par leur simplicité sévère, conservaient quelque chose des traditions du château fort, tandis que du côté de la cour leur délicate richesse annonçait le plus élégant palais. Le problème était donc résolu. La colonie elle-même ne trouva rien à mordre : il fallut reconnaître chez ce jeune Français une si sérieuse étude, un si parfait sentiment du caractère propre à chacun des ordres, en un mot une telle *maestria*, que le rire était hors de saison. Outre l'honneur historique d'avoir ouvert et inauguré la seconde période de notre renaissance, Jean Bullant venait de s'acquérir un éternel renom en créant un des types les plus exquis de cette gracieuse architecture. Écouen est un chef-d'œuvre original éclos d'éléments empruntés, combinaison à la fois si naïve et si savante que les ennemis du genre classique en admirent, malgré eux, l'expressif et pittoresque ensemble, tandis que les sectateurs fougueux du style antique, Chambray lui-même, en citent les moindres détails comme les plus excellents et les plus sûrs modèles de leurs doctrines et de leurs prescriptions.

Vers cette même époque, on commençait à parler de deux hommes à peu près du même âge que Bullant, et pouvant lutter avec lui de talent et de savoir : l'un était Pierre Lescot ; l'autre, Philibert Delorme. Après avoir habité l'Italie pendant toute sa jeunesse, Delorme était venu, depuis quatre ou cinq ans, s'établir à Lyon, sa patrie. Il y avait déjà bâti quelques édifices, et conduit, au point où il était encore il y a peu d'années, le portail de l'église Saint-Nizier, lorsque le cardinal du Belloy, charmé de ce plan neuf et hardi, et de cet ordre dorique déjà sorti de terre, fit suspendre le travail pour emmener l'architecte à Paris. Quant à Lescot, autant qu'on en peut juger par les documents si rares que nous possédons sur son compte, il n'avait, pas plus que Bullant, visité l'Italie, mais, comme lui, il s'était initié, avec un admirable instinct, aux plus intimes secrets de l'art antique. A ces trois noms il faudrait joindre celui de Jean Goujon, si la principale renommée de ce grand artiste n'était due aux suaves productions de son élégant ciseau. Il n'en est pas moins vrai que, comme tous les sculpteurs de son temps, il cultiva l'architecture. Nous n'avons pas la preuve qu'il ait jamais conduit à lui seul la construction d'un monument; mais il ne resta certainement étranger ni à la conception, ni à l'exécution de la plupart de ceux qu'il contribua à décorer.

Tels étaient, à ce moment qui allait décider de l'avenir du Louvre, les jeunes et vigoureux représentants de l'art français. Avant de s'adresser à eux, le roi fit venir Serlio et lui demanda un plan. Serlio était un éminent artiste, bien qu'aujourd'hui il ne soit guère connu que comme théoricien et écrivain didactique. Élève de Baltazar Peruzzi, héritier de ses dessins, demeuré fidèle à ses préceptes autant qu'on pouvait l'être en ce temps-là, il avait quitté l'Italie à la mort de son maître, et travaillait à Fontainebleau depuis environ quatre ans. On ignore quel fut le plan que Serlio proposa pour le Louvre, mais, selon toute apparence, c'était quelque parti radical et dispendieux. Le roi recula, malgré son goût pour le faste et l'éclat; il était arrêté moins peut-être par crainte de la dépense que par respect superstitieux pour le vieux plan du Louvre : il voulait bien se faire un palais neuf, mais il souhaitait qu'il fût construit sur les mêmes bases que l'ancien. Utiliser ces antiquailles, s'enfermer dans cet étroit espace, avoir la moindre révérence pour Charles V et Philippe-Auguste, autant d'idées qui ne pouvaient entrer dans une tête italienne, si bien réglée qu'elle fût. Le monarque et l'architecte ne devaient donc pas s'entendre. Serlio s'en retourna surveiller les stucs de Fontainebleau, et au bout de quelques années vint se fixer à Lyon, où il mourut vers 1552. Quelques-uns ont prétendu que, ne pouvant faire accueillir ses idées, il avait eu le bon goût, ou, selon d'autres, la malice, de dire que Sa Majesté se serait mieux fait comprendre en parlant à un Français. Sincère ou non, le conseil fut suivi; le roi appela un Français : ce ne fut point l'architecte du connétable, malgré ses récents succès; son choix tomba sur Pierre Lescot.

Il avait eu la main heureuse; personne n'était mieux fait pour cette œuvre royale. D'un goût moins fin et peut-être moins pur que Bullant, mais plus correct et plus sûr que Delorme, Lescot l'emportait sur tous deux par la richesse et l'ampleur des idées; il avait dans l'esprit plus de feu, plus de poésie. Bullant eût mieux combiné son ordonnance, introduit dans le monument plus de calme et de repos, concentré sur quelques points seulement les ressources de l'ornementation, et satisfait ainsi les plus délicats connaisseurs; aux yeux de la foule, il eût manqué de puissance et d'éclat. Quant à Delorme, il se serait probablement permis quelque effet hasardé; son penchant naturel, fortifié par un si long séjour en Italie, le poussait aux expériences; c'était un esprit inventif, propre à tout, calculateur, mécanicien. Bien qu'il ait fait, comme architecte, plus qu'il n'en faut pour s'illustrer, sa grande renommée est due à ses talents de constructeur, et notamment à l'ingénieux système de charpente qui a conservé son nom. Lescot, surtout uni à Jean Goujon, était donc, à tout prendre, le choix par excellence; nous en avons la preuve dans le peu qui nous reste de l'œuvre commencée par ces deux grands artistes. On rencontre sans doute, en parcourant l'Italie, des monuments où les lois de l'art antique sont comprises et appliquées avec plus d'audace et de génie; on en peut voir aussi d'un fini plus précieux, d'une perfection plus délicate; mais où trouver cet ensemble harmonieux, cette richesse sans confusion, cette symétrie sans froideur, cette imagination abondante et tempérée, toujours maîtresse d'elle-même, unissant constamment aux plus ingénieuses saillies la finesse du goût et la rectitude du bon sens? C'est là, nous pouvons le dire, le grand secret de cette renaissance française dont le Louvre est la plus complète expression. N'oublions pas que nous parlons du Louvre de Lescot, c'est-à-dire d'un fragment seulement de la cour actuelle, et que, pour juger ce fragment, il faut, par la pensée, le débarrasser des voisinages qui l'écrasent, des additions qui l'énervent, et ramener le monument aux dimensions et au point de vue que voulaient lui donner ses auteurs.

Mais n'allons pas si vite; plus tard nous parlerons des accroissements, des retranchements, des mutilations de toute sorte qu'a subis le Louvre de Lescot. Au moment où nous sommes, il n'existe encore qu'en projet; rien n'est construit, et les plans seuls sont sous les yeux du roi.

Savons-nous quels étaient ces plans? Sauval nous dit qu'au temps où il écrivait, de 1660 à 1680, ils avaient dès longtemps disparu;

que ceux des architectes de Henri IV s'étaient également égarés, et il donne à entendre que les uns comme les autres avaient dû être détruits pour couper court à de fâcheuses comparaisons et à d'importuns regrets. Pouvons-nous aujourd'hui combler cette lacune? Où retrouver la pensée complète de Lescot? C'est en vain qu'on s'adresse au seul auteur contemporain qui se soit sérieusement occupé du Louvre, et qui, par le burin mieux encore qu'avec la plume, nous l'ait décrit et représenté. Ducerceau n'a pas pris soin de nous apprendre, comme pour les Tuileries et plusieurs autres châteaux, ce que le Louvre eût été si son auteur l'eût achevé tel qu'il l'avait conçu. Il se borne à nous en montrer isolément, et sans les rattacher à l'ensemble, diverses parties déjà terminées au moment où il gravait ses planches, c'est-à-dire au commencement du règne de Henri III, vers 1576. A cette époque Lescot ne dirigeait plus les travaux du Louvre, et voyait, au terme de sa carrière, son grand projet suspendu et ajourné, tandis que la reine Catherine, devenue, par la mort de son mari, maîtresse de bâtir tant qu'elle voulait et comme elle voulait, avait déjà soudé aux corps de logis édifiés par Lescot, et sans s'inquiéter d'en troubler l'harmonie, des constructions additionnelles orientées selon son goût et sa commodité.

Ducerceau n'est donc d'aucun secours pour rétablir le projet de Lescot; mais ce projet, tout le monde en convient, et c'est un point hors de question, n'ajoutait rien à l'étendue que le Louvre avait eue jusque-là, savoir, le quart à peu près de son périmètre actuel. Ce qui le prouve, c'est qu'au midi et au couchant, les deux seuls points que Lescot ait attaqués, ses constructions sont assises sur les gros murs de Charles V, entés eux-mêmes sur ceux de Philippe-Auguste (1). Il y a donc lieu de croire qu'au nord et au levant il

(1) Ce fait a été mis hors de doute lors de la restauration de la salle des Cariatides, dirigée en 1808 par MM. Fontaine et Percier. Derrière le revêtement du gros mur qui fait face aux Tuileries, vrai mur de forteresse, épais d'au moins dix pieds, on reconnut un appareil ancien, servant de noyau à la muraille, et sur cet appareil un ornement sculpté dans le style du treizième siècle. Cette découverte ne fit que

eût également planté ses nouvelles façades sur l'emplacement des anciennes. Seulement on peut se demander si, dans sa pensée, les quatre côtés du quadrangle devaient avoir la même élévation, et si l'un d'eux n'aurait pas consisté en une simple galerie à rez-de-chaussée, du milieu de laquelle serait sorti un pavillon servant de portail à l'édifice? Cette disposition, dont on a souvent usé depuis, notamment pour le palais du Luxembourg, n'était pas dès lors sans exemple. Nous ne voulons pas dire qu'on eût déjà renoncé à construire des châteaux fermés de toutes parts : les Tuileries, entre autres, commencées vingt ans après, devaient former, d'après le plan primitif, un parallélogramme bâti des quatre côtés ; mais la hauteur des constructions eût été calculée pour la grandeur des cours qu'elles devaient environner. Ici, au contraire, la cour, réduite au quart de ce qu'elle est aujourd'hui, pouvait-elle être enclose par quatre façades de soixante-quinze pieds de haut ? N'était-il pas besoin d'une échappée de vue, d'une ouverture pour donner large accès à l'air et au soleil ? Si tel était le projet de Lescot, c'est au levant qu'eût été pratiquée cette ouverture, car on sait, par tradition, qu'il devait placer de ce côté sa principale entrée.

Enfin on suppose encore, et même Sauval affirme, que Lescot, comme complément de son projet, se proposait de convertir en un vaste jardin tout l'espace compris entre le Louvre et l'enceinte de la ville. Cette enceinte, qui sous Philippe-Auguste suivait à peu près la direction de la rue des Poulies, laissant le Louvre en dehors des remparts, avait été sous Charles V portée à sept ou huit cents mètres en aval, environ sur l'emplacement occupé maintenant par la grille qui sépare la place du Carrousel de la cour des Tuileries. C'était donc sur ce même terrain, aujourd'hui déblayé, que Lescot voulait faire le jardin de son Louvre. Projet facile alors, car dans tout cet espace on ne voyait que deux églises sans importance (1);

confirmer une assertion de Sauval, lequel, sur la foi des registres de la chambre des comptes, avait dit que Lescot, *bon ménager*, trouvant ce gros mur d'une grande solidité, s'en était servi dans le nouvel édifice.

(1) Saint-Thomas et Saint-Nicolas.

deux rues ouvertes, mais non encore bâties (1); un hospice à peine fondé (2), plus, çà et là, quelques maisonnettes et force terrains vagues; le tout pouvait à peu de frais être annexé à la demeure royale. Mais à cent ans de là, quel changement! Ce terrain s'était couvert de grands et somptueux hôtels, de maisons entassées les unes contre les autres, d'églises neuves ou agrandies; les plus beaux noms de France et les plus beaux esprits étaient venus se loger là, attirés par le voisinage du Louvre et du palais Cardinal. Qui se serait alors imaginé que jamais l'occasion pût renaître d'accomplir le vœu de Lescot! Voilà pourtant que deux siècles après, le temps aidant et les millions aussi, ce terrain redevient libre, plus libre que jamais. Pour cette fois du moins, le verrons-nous se couvrir de verdure? Non, ce sont encore des pierres qu'on y veut entasser! — Mais brisons là; le moment n'est pas venu d'entamer ce sujet : nous n'en sommes qu'à François Ier.

A l'exception des points hypothétiques qui viennent d'être indiqués, le projet de Lescot, malgré la perte des plans, est aisément intelligible. Ce qu'il en a lui-même exécuté suffit pour expliquer le reste. Lescot, comme Bullant, est avant tout architecte français; il s'est inspiré des anciens, il s'est approprié leurs idées, mais il parle toujours sa langue maternelle, et même avec accent. Ainsi, loin de chercher à dissimuler ses combles, il les avait nettement accusés; aux quatre angles de son édifice, il plaçait, conformément à l'usage, quatre grands pavillons carrés; un seul a été bâti, celui du sud-ouest, connu longtemps sous le nom de Pavillon du Roi, construction qui n'est plus apparente aujourd'hui, et s'est fondue dans le massif qui contient la salle des Sept-Cheminées, mais que par bonheur Ducerceau a gravée. Enfin Lescot, toujours dans ce même esprit de respect pour les traditions nationales, avait, à l'extérieur de son Louvre, adopté un tout autre caractère que sur les façades intérieures : du côté de la cour, la richesse et l'éclat; par dehors,

---

(1) Les rues Froidmanteau et Saint-Thomas.
(2) Les Quinze-Vingts.

une sévérité robuste, dont la façade qui regarde les Tuileries peut encore nous donner l'idée, bien que devant cette muraille percée de si rares fenêtres il n'y ait plus trace du fossé qui la défendait et qui en dégageait le pied taillé comme un bastion.

Le roi avait le sentiment des belles choses : dès l'abord il fut épris des idées de Lescot, et pourtant son approbation définitive se fit assez longtemps attendre. Il portait dans ce genre d'affaires très-grande réflexion, bien qu'il fût déjà d'âge et surtout de santé à vouloir aller vite. On se mit à démolir vers 1541 : on commença par l'aile occidentale. C'est là qu'étaient la grande salle de Saint-Louis, la librairie de Charles V, et d'autres galeries pleines de fines sculptures, déjà très-délabrées, dit-on, mais dont la complète destruction n'en inspire pas moins un involontaire regret. Aujourd'hui nous porterions de tels débris dans un musée, il est probable qu'alors on n'en fit que des décombres.

Une fois la reconstruction commencée, elle ne marcha pas très-rapidement, bien que Lescot se servit en partie, comme nous l'avons vu, des fondations anciennes. Les soins extrêmes qu'il s'imposa pour assurer la durée de son œuvre, la beauté de l'appareil dans cette partie de l'édifice, le choix des pierres, les joints imperceptibles qui les unissent, expliquent cette lenteur. A la mort de François Ier, en 1547, cette aile en construction n'avait pas atteint son sommet, du moins dans toute son étendue ; la démolition de l'autre aile, parallèle à la rivière, était à peine commencée, et le gros pavillon d'angle ne sortait pas encore de terre. Il est vrai qu'on avait débuté par l'utile : on avait reconstruit de fond en comble la grande cour des offices, une des principales basses-cours de Charles V, grand ensemble de bâtiments dont rien ne subsiste aujourd'hui, mais qui était considérable, puisqu'il occupait tout l'espace compris entre la porte actuelle du Musée et le pavillon de l'Horloge jusqu'à la hauteur de la rue Froidmanteau. Quant au Louvre lui-même, François Ier, nous le répétons, en fit plus abattre que bâtir, et mourut sans avoir vu, même en partie, l'effet de ce beau plan auquel son nom est pourtant attaché.

Il ne faut donc pas prendre à la lettre l'inscription latine, datée de 1548, qu'on grava sur une des portes de la salle des Cariatides (1). L'œuvre dont cette inscription annonce l'achèvement n'est assurément pas l'aile occidentale tout entière; il fallait, lorsque François Ier mourut, en 1547, plus d'une année pour l'achever. Il s'agit à coup sûr d'une partie seulement de cette aile, et par exemple de la salle des Cariatides elle-même, ou, pour la désigner comme on l'appelait alors, de la grande salle des Gardes (2). Postérieurement à 1548 on travaillait encore à l'aile occidentale, et les sculptures de cette façade, soit celles de Paul Ponce qui décorent l'attique, soit celles de Jean Goujon qui s'encadrent dans les ordres inférieurs, ont dû n'être terminées que vers 1556. Dans l'intervalle, Henri II avait presque achevé le pavillon du Roi, et l'aile méridionale était construite presque aux deux tiers de sa longueur quand la mort vint le frapper.

Cette mort prématurée, qui allait livrer la France aux discordes civiles, ne fut guère moins fatale au Louvre. On peut dire qu'elle a changé sa destinée. Si le roi eût atteint seulement le même âge que son père, Lescot terminait son œuvre. L'édifice une fois achevé, c'était chose autrement difficile d'en modifier l'économie, d'en altérer le plan. L'admiration presque unanime qui depuis trois cents ans s'est attachée à un simple fragment de ce chef-d'œuvre, et qui l'a protégé, en grande partie du moins, contre les vandales de tout genre, eût bien mieux fait respecter un monument complet, un ensemble harmonieux. Henri II était peut-être de tous les princes le mieux fait pour mener à bout ce grand projet, car il était constant aussi bien avec ses artistes qu'avec ses vieilles maîtresses.

---

(1) Henricus II christianissimus, vetustate collapsum, refici cœptum a patre Francisco I rege christianissimo, mortui sanctissimi parentis memor pientissimus filius absolvit, anno a salute Christi MDXXXXVIII.

(2) Quant aux cariatides, on ne peut pas admettre qu'elles fussent terminées en 1548, puisque Sauval dit avoir vu un marché passé avec Jean Goujon, le 5 septembre 1550, pour l'exécution de ces quatre grandes figures, moyennant 737 livres tournois, savoir : 46 livres pour un modèle en plâtre, et 80 écus sol pour chaque figure.

Pendant les douze années de son règne, il ne lui arriva pas un seul jour de détourner Lescot de ses plans, d'en imaginer de nouveaux, de les modifier dans un seul point essentiel. Il n'eut pas un caprice, pas même cette impatience que donne aux gens puissants la trop grande habitude de se faire obéir. Il comprenait qu'un prince doit bâtir pour sa renommée plutôt que pour son plaisir, et, bien que le séjour du Louvre eût été sa prédilection, il souffrit pendant ces douze années que le Louvre fût inhabitable et constamment embarrassé de pierres, de manœuvres et de maçons.

III.

Le Louvre sous les trois fils de Henri II.

Lorsque Henri II eut succombé, lorsque sa veuve eut quitté brusquement, comme un palais maudit, ces Tournelles ensanglantées, c'est au Louvre qu'elle courut s'établir. De ce jour tout fut changé. Au lieu de continuer à bâtir avec calme, sans se presser, comme il convient à une œuvre d'art, on n'eut plus qu'une pensée, on n'ordonna plus qu'une chose aux artistes, rendre le Louvre immédiatement habitable. Il fallut laisser là les travaux commencés. Non-seulement il ne fut plus question d'entamer la démolition des ailes du nord et de l'est pour les remplacer peu à peu, comme on l'eût fait sous le feu roi, par des corps de logis et de grands pavillons d'une fastueuse solidité, mais on suspendit l'achèvement et la décoration de toutes les parties de l'édifice, même à peu près terminées, qui, n'étant pas destinées aux appartements de la reine et de ses enfants, n'avaient pas une urgente utilité. C'est ainsi que certaines sculptures, dans l'escalier de Henri II, par exemple, restèrent ébauchées et le sont encore aujourd'hui, les sculpteurs ayant dû concentrer subitement leurs efforts sur les seuls points qu'on tenait à terminer.

Lescot se prêta-t-il à cette façon nouvelle de travailler au Louvre? On l'ignore, mais à partir de ce moment son nom cesse d'être prononcé. Il est donc permis de croire qu'il déclina le rôle qu'il eût fallu subir. La reine ne voulait, à vrai dire, d'autre architecte qu'elle-même. Elle avait été si longtemps comprimée et traitée en petite fille, qu'en toutes choses il lui fallait une revanche; et si, comme Florentine, la politique était de droit la première affaire de sa vie, bâtir était au moins la seconde. Elle n'avait eu le pouvoir jusque-là que de remanier obscurément, au fond de la Touraine, quelques vieux bâtiments; c'était à Paris, en plein jour, qu'il lui tardait de s'exercer. Interrompre les projets du roi, congédier ses amis, ses confidents, depuis Montmorency jusqu'à Pierre Lescot, ce devait être pour elle, malgré ses larmes hypocrites, un souverain plaisir. Sa rupture avec Lescot ne fut pourtant pas complète : on voit qu'il garda les pensions, les abbayes et les canonicats dont il avait été comblé sous les deux précédents règnes. Elle le laissa probablement architecte du Louvre *in partibus*, architecte pour continuer son plan quand les malheurs des temps permettraient de le reprendre, ce qui ne devait plus arriver.

Toutefois deux années se passèrent sans que la reine ajoutât rien aux constructions de Lescot. La cour, pendant les dix-huit mois du règne de François II, constamment agitée comme les affaires de l'État, n'avait cessé d'être voyageuse. On n'avait fait que traverser Paris, puis successivement on avait habité Saint-Germain, Fontainebleau, Poissy, Amboise, Orléans. Après l'avénement de Charles IX, un moment de relâche permit une installation plus longue. Le Louvre était en état de recevoir ses maîtres; les emménagements intérieurs avaient été menés grand train. Au-dedans du palais régnait une certaine harmonie apparente; mais à l'extérieur, quel bizarre spectacle! quel étrange amalgame! Deux siècles en présence, deux architectures si différentes, séparées par la largeur d'une cour! D'un côté, des tours, et des tourelles, des ponts-levis, tout l'appareil d'une forteresse, des ogives, des clochetons, des aiguilles, des statues dans leurs niches effilées suspendues à la grande vis de Raymond du Temple; de l'autre, les lignes horizontales, les décorations symétriques, les profils réguliers des ordres corinthien et composite; tout cela juxtaposé tant bien que mal, rattaché par des pierres d'attente et par des soudures en plâtras; du côté du midi, une façade aux deux tiers bâtie, et pour l'autre tiers en décombres : jamais assurément l'aspect du Louvre ne fut ni ne sera plus curieux, plus piquant, plus pittoresque ; mais la reine Catherine, avec ses idées italiennes, ne devait trouver cela ni très-digne ni très-beau.

Ses appartements, placés, à rez-de-chaussée, en partie dans le pavillon du Roi, en partie dans le corps de logis méridional, alors inachevé, étaient, il faut le reconnaître, peu spacieux et d'une distribution peu commode. Elle ne put s'en contenter, et fit aussitôt construire, à la suite du pavillon du Roi, et perpendiculairement à la Seine, un bâtiment allongé qu'elle rattacha par un couloir à ses appartements. C'est sur cette construction, d'abord simple rez-de-chaussée recouvert d'une terrasse, que quarante ans plus tard Henri IV éleva sa galerie des Rois, laquelle, à demi détruite par l'incendie de 1661, fut restaurée par Louis XIV et devint la galerie d'Apollon.

Pourquoi la reine avait-elle choisi une direction si peu en harmonie avec la pensée de Lescot? S'était-elle seulement laissé séduire par le charme de l'exposition, par ce bel aspect de la Seine et de la cité au soleil levant? ou bien n'avait-elle pas cherché un moyen expéditif d'élever son bâtiment? Un ancien fossé du château descendait vers la Seine, précisément dans cette direction, et ce sont les deux murs, les deux revêtements de ce fossé qui paraissent avoir servi à asseoir la nouvelle construction dans toute sa longueur. Il est plus que probable que ces fondations toutes faites contribuèrent pour beaucoup au choix de l'emplacement. C'est donc une circonstance accidentelle, en dehors de toutes les combinaisons, de toutes les prévisions de l'art, qui fit prendre un parti plein d'embarras pour les accroissements ultérieurs du palais, et qui suscite aujourd'hui même, comme on le verra bientôt, quelques-unes des difficultés contre lesquelles il faut lutter. Nouvelle preuve qu'en maniant la truelle, il y a toujours profit à ne pas se presser.

Sauval, sans s'expliquer sur les motifs de ce retour d'équerre, nous dit que la conduite des travaux fut confiée par la reine à un nommé Chambiche. Quel était cet artiste? Nous l'ignorons. Mais comme Sauval, en parlant de Primaticcio, a coutume d'écrire Primatiche, il y a lieu de penser que ce Chambiche était quelque Italien dont il estropie le nom. A consulter le monument, la conjecture se fortifie : cette terrasse à l'italienne, sans l'apparence du moindre toit, ces pilastres à bossages, et surtout cette alternance polychrome, ces jeux d'incrustations noires et blanches, révèlent presque à coup sûr l'œuvre d'un Florentin travaillant pour sa compatriote.

Catherine trouvait là une image en abrégé de ce qu'avait admiré son enfance. Quel contraste avec ces décorations accentuées à la française, qu'on voyait à deux pas de là dans l'intérieur de la cour! Il est vrai qu'aux deux extrémités de la construction nouvelle, par un reste d'égard pour Lescot, on avait répété un des principaux motifs de sa décoration extérieure, savoir, cette fenêtre longue et un peu étroite, légèrement cintrée par le haut et couronnée d'un mascaron, genre d'ouverture qu'il avait déjà employé dans ses soubassements de l'ouest et du midi, et qu'il comptait probablement faire régner sur les deux autres façades. Quand on considère aujourd'hui l'extérieur de cette galerie d'Apollon rendue à sa splendeur première par la plus intelligente restauration, on est d'abord tenté de supposer que ce petit portique florentin, qui occupe le centre du rez-de-chaussée, est une addition faite après coup, et comme une pièce de rapport ajoutée sur un vieux fond. Mais il n'en est absolument rien. On ne saurait découvrir la moindre trace d'un remaniement; et la seule explication possible de cette disparate entre la partie centrale et les deux extrémités, est dans la prudence habituelle de la reine. Elle n'aura pas voulu se donner l'air de répudier absolument les projets de Lescot, peut-être même l'aura-t-elle consulté, et, pour rattacher à l'ensemble du Louvre sa création un peu capricieuse, pour lui donner un air de famille avec le reste, elle aura prescrit l'emploi au moins partiel de ces fenêtres. A l'appui de cette conjecture, il faut faire remarquer qu'immédiatement après la galerie, et parallèlement à la Seine, nous retrouvons ces mêmes fenêtres au rez-de-chaussée du corps de bâtiment qui contient aujourd'hui le Grand-Salon, et que Sauval nous dit avoir été commencé par la reine Catherine, dans l'intention d'en faire son musée, *sa salle des antiques* (1). Ce n'est pas tout : d'autres fenêtres de ce même dessin et pareillement au nombre de cinq, apparaissent encore, un peu plus bas, sur le quai, à côté du guichet Lesdiguière (2) ; et, bien que tous les documents soient muets sur l'origine du bâtiment percé de ces cinq fenêtres, nous affirmerions volontiers que cette construction, qui fait corps maintenant avec la grande galerie, mais qui d'abord fut évidemment destinée à servir de pendant au pavillon du Grand-Salon, dut être conçue et commencée soit par la reine elle-même, quand elle s'occupait encore du Louvre, soit du moins sous Charles IX ou dans les premiers temps de Henri III, lorsque Lescot vivait encore, lorsque ses plans et peut-être sa personne conservaient un reste d'influence. Quant à supposer ces fenêtres contemporaines des travaux d'ensemble entrepris par Henri IV pour l'exécution de sa grande galerie, rien n'est moins admissible, comme nous le montrerons tout à l'heure. C'est seulement plus tard, sous Louis XIII et sous Louis XIV, que cette même forme de fenêtres sera de nouveau reproduite et copiée comme un signe d'unité et pour ainsi dire de parenté entre les anciennes et les nouvelles parties du Louvre. Il y aurait en vérité toute une histoire à faire sur cette fenêtre de Lescot, depuis le jour où, selon toute apparence, Catherine de Médicis en commanda l'usage à ce nommé Chambiche, jusqu'au temps où Perrault, non sans de longs combats, dut l'employer, par ordre, dans les soubassements de sa colonnade et de sa façade du midi.

(1) Voir le plan, n° 5.
(2) *Id.*, n° 6.

Soit que la reine fût rebutée par cette nécessité de raccorder plus ou moins ce qu'elle voulait faire à des constructions existantes et à des plans consacrés, soit que son fils, entré dans sa quinzième année, commençât à contrarier ses projets, on la vit, vers 1564, se prendre d'indifférence pour les travaux du Louvre et former le dessein de construire pour elle seule, et entièrement à neuf, un palais plus magnifique et plus complet.

En dehors de la ville, immédiatement au delà des remparts, était un vaste terrain, nommé longtemps la *Sablonnière*, couvert de fabriques de poteries et de fours à briques, qui, depuis les temps les plus reculés, avaient fourni presque toute la tuile employée à couvrir Paris. Sur une partie de ce terrain, le sous-intendant des Essarts, en 1342, et sur l'autre, à une époque plus récente, Nicolas de Neuville de Villeroi, s'étaient bâti chacun une maison de plaisance assez considérable; puis, en 1518, François Ier, par voie d'échange, avait acquis ces deux maisons à la couronne. Catherine les fit raser ainsi que quelques tuileries voisines, et sur le terrain on commença la construction de son palais et la plantation d'un immense jardin. Pendant cinq ou six ans, elle poursuivit son œuvre avec cette activité fiévreuse qu'elle portait par moment aux affaires. Ne logeant plus que rarement au Louvre, elle s'était ménagé, près de la rue Saint-Honoré, une petite habitation d'où elle allait sans cesse surveiller et presser les ouvriers. Mais un beau jour cette ardeur s'éteignit : elle venait d'apprendre d'un de ses astrologues qu'il lui fallait se méfier de *Saint-Germain*, qu'elle mourrait près de lui sous les débris d'une grande maison. C'en fut assez pour que la reine, non-seulement ne mît plus les pieds à Saint-Germain en Laye, mais renonçât aux Tuileries, attendu que ce terrain sur lequel elle bâtissait, bien que situé hors la ville, dépendait de la paroisse Saint-Germain l'Auxerrois (1). Elle fit suspendre les tra-

---

(1) Les croyants à l'astrologie eurent grand soin de faire remarquer, après la mort de la reine à Blois, qu'elle avait rendu le dernier soupir entre les bras d'un prêtre nommé Saint-Germain, après le meurtre du duc de Guise, et, pour ainsi parler, sous les débris d'une *grande maison*.

vaux et chercha dans Paris un autre lieu où porter sa demeure. Bientôt elle jeta les yeux sur l'ancien hôtel de Soissons, où plusieurs fils de France, depuis le temps de saint Louis, avaient fait leur résidence, et que Louis XII montant au trône avait cédé à une congrégation de filles repenties. Catherine parvint à déloger les saintes sœurs, et vers 1572 se mit à la besogne. Sans reconstruire l'hôtel de fond en comble, elle y fit de tels embellissements et de telles additions, qu'elle le transforma en un magnifique séjour. Il n'en reste, comme on sait, pas le moindre vestige, si ce n'est, contre la Halle au blé, cette grande colonne monumentale construite par Jean Bullant.

C'est en effet à l'ancien architecte du connétable, alors âgé de soixante ans au moins, que la reine avait donné la conduite de son hôtel de Soissons. Bullant s'y montra fidèle aux traditions de sa jeunesse et à ses allures françaises, ainsi qu'on en peut juger par les charmants dessins d'Israël Sylvestre, et par une des vues microscopiques du grand plan de Gomboust. Il y avait environ huit ans que Bullant était au service de la reine : Catherine se l'était attaché, ainsi que Philibert Delorme, au moment où, renonçant au Louvre, elle avait commencé sa grande entreprise des Tuileries. Son choix n'était tombé cette fois ni sur un Italien, ni sur Lescot, nouvelle preuve que ce grand artiste avait dû jusque-là ne pas très-bien vivre avec elle. La reine avait voulu que Delorme et Bullant, ces deux talents si divers, travaillassent en commun et sous sa direction, puis elle les avait spécialement chargés de certaines parties de l'édifice auxquelles chacun d'eux devait imprimer son cachet.

Delorme avait tracé le plan : ce plan, nous l'avons déjà dit, avait la forme d'un carré long ; et, bien que les deux grands côtés dussent avoir en longueur soixante mètres de moins que le palais actuel, comme l'intérieur du parallélogramme se divisait en trois cours d'inégale grandeur entourées de portiques et de galeries, on peut dire que le plan comportait près de quatre fois plus de constructions qu'il n'en existe aujourd'hui. De tout ce vaste ensemble il n'y avait d'achevé, au moment où la reine abandonna les travaux, que le pavillon central, les deux ailes ou galeries qui s'étendent à droite et à gauche, et les deux pavillons auxquels ces galeries aboutissent. Encore, de ces deux pavillons, un seul, celui du côté de la rivière, était complétement construit, l'autre sortait à peine de terre. Bullant en était l'auteur : Sauval nous l'apprend, et, à défaut de son témoignage, on reconnaîtrait aisément l'architecte d'Écouen aux profils si purs et si exquis de ces deux ordres ionique et corinthien qui forment les deux premiers étages. Quant à l'étage supérieur, il a perdu tout caractère et toute originalité, C'était là qu'apparaissait, comme au Louvre, un certain souvenir de la première renaissance française. De grandes fenêtres en saillie sur le rampant du toit, richement encadrées et réunies à mi-hauteur par des motifs de sculpture, couronnaient élégamment l'édifice. Tout cela n'existe plus depuis la restauration de 1660, et a été remplacé par un attique aussi lourd que monotone, percé de petites fenêtres carrées.

Si cette restauration a maltraité Bullant, la partie confiée à Delorme, savoir le pavillon central et les deux galeries, a subi, sans contredit, une transformation plus complète encore. Le pavillon ne consistait alors que dans le corps avancé du pavillon actuel; il était peut-être trop petit pour la longueur de la façade; démesurément agrandi, il est devenu une masse incohérente. Un dôme semi-sphérique, de la courbe la plus élégante, lui servait d'amortissement, on en a fait cette énorme calotte à quatre pans sous laquelle les quatre murs ont l'air de succomber. Nos regrets sont moins vifs en ce qui touche la suppression d'une double série de frontons bizarrement enchâssés les uns dans les autres, que Delorme avait fait régner au-dessus des arcades de ses deux galeries. C'était une de ces fantaisies dont il n'était pas assez sobre. Quant aux colonnes à tambours, une de ses combinaisons favorites, elles ont été conservées, sinon au premier étage du pavillon, du moins devant les trumeaux des deux galeries, et, grâce à la finesse des broderies qui les recouvrent, il n'y a qu'à s'en féliciter. Mais ce qu'il faut déplorer avant tout, c'est ce fameux escalier en spirale et à jour qui occupait tout l'intérieur du pavillon central, et que les contemporains appellent *le degré le plus vaste, le plus aisé et le plus admirable qui soit au monde*. C'était un chef-d'œuvre dans cet art de la coupe des pierres, où Delorme était vraiment supérieur. Il fut abattu en 1660, sous prétexte qu'il obstruait l'entrée du vestibule et empêchait d'apercevoir, dès la cour, l'enfilade et la profondeur des jardins.

On se demande pourquoi la reine, en transportant ses maçons et ses sculpteurs des Tuileries à l'hôtel de Soissons, n'y conduisit pas Philibert Delorme, en compagnie de Jean Bullant? Ceux qui prétendent que Delorme était mort dès 1570 en donnent une raison péremptoire; mais s'il est vrai, comme d'autres le soutiennent, qu'il ait vécu jusqu'en 1577, on est réduit à supposer, ou qu'il était tombé en disgrâce, ou qu'à ces derniers temps de sa vie il n'était plus en état de présider à des travaux. Pour Catherine aussi, les constructions de l'hôtel de Soissons devaient être un adieu à l'architecture. Ce fut sa dernière entreprise, au moins dans l'intérieur de Paris. L'âge calmait son humeur inquiète. Sans cesser d'agrandir sa nouvelle demeure et d'ajouter à ses décorations, elle l'habita avec constance pendant près de quinze ans.

Lorsqu'elle mourut à Blois, aux premiers jours de 1589, il y avait vingt-quatre ans qu'elle n'avait, par elle-même, rien fait construire au Louvre. Il n'en faut pas conclure que, dans ce quart de siècle, aucun travail ne s'y fût accompli. Charles IX et Henri III passent pour avoir entretenu, constamment et à grands frais, des légions d'ouvriers. Mais, au lieu d'entreprendre quelque chose de considérable, ils ne furent occupés l'un et l'autre qu'à disposer pour leur usage ce palais à moitié délabré, à moitié inachevé. Aussi ne reste-t-il aucune trace de tout ce qu'ils ont fait: ces constructions de circonstance et de caprice, jetées comme au hasard, sans ordre et sans concordance, devaient nécessairement disparaître le jour où de grands travaux d'ensemble viendraient à être exécutés. Et pourtant il y avait dans ces ouvrages éphémères de gracieuses conceptions et des efforts de talent qui méritaient un meilleur sort. Ainsi, la *Cour des Marbres*, bâtie par Charles IX, sur l'emplacement de l'ancien Jeu de Paume de Charles V, du côté de Saint-Germain l'Auxerrois, devait être décorée de très-fines sculptures ; et si, comme le veut une vieille tradition, probablement apocryphe, Jean Goujon, le jour de la Saint-Barthélemy, reçut la mort au Louvre, son ciseau de sculpteur à la main, c'est à la Cour des Marbres qu'il devait alors travailler, bien plutôt qu'aux façades de Lescot. Henri III, de son côté, fit faire aussi des œuvres d'art. Son esprit était cultivé, et, malgré ses puérilités, il avait, comme sa mère, le goût des belles choses. Il ne construisit pas seulement des jeux de paume ou des manéges pour ses mignons, et des loges pour ses petits chiens; il consacra beaucoup de soins et d'argent à élever un grand portique, du côté de la rivière, en remplacement du mur crénelé servant de première enceinte au jardin de la reine, nommé depuis Jardin de l'Infante. Sauval prétend même qu'il mit aussi la main au grand corps de logis méridional, interrompu depuis la mort de son père, et qu'il le conduisit jusqu'au bout, c'est-à-dire jusqu'à l'angle où finissait le reste du vieux Louvre. Ce fait n'est appuyé sur aucun autre témoignage. Quant au portique, c'est différent ; il est souvent cité dans les écrits du temps comme une œuvre très-élégante et très-ornée. Il subsistait encore en 1656, comme on en peut juger par une des grandes vues d'Israël Sylvestre, où il est désigné sous le nom d'Orangerie. Il fut complétement détruit sous Louis XIV.

Ainsi, de toutes les constructions de Charles IX postérieures à 1565, et de toutes celles de Henri III, à l'exception d'une petite partie de l'aile méridionale, s'il est vrai qu'il s'en soit occupé, rien n'est parvenu jusqu'à nous.

Mais nous touchons à un règne où le Louvre va recevoir des accroissements, sinon toujours irréprochables, du moins de plus longue durée.

IV.

Le Louvre sous Henri IV.

Henri IV, à peine en possession de Paris, forma le dessein de travailler au Louvre. Dès le printemps de 1595 il y mettait les ouvriers. Ce n'était pas qu'il y eût chez lui grand désir d'un installation meilleure. Il avait su vivre à la dure ; et si son palais portait les traces des six années du règne de la Ligue ; si Mayenne et ses démocrates amis le lui rendaient en triste état, c'était encore un assez beau logis. Pour sa part, il s'en serait accommodé. Mais la politique voulait qu'il ne laissât pas plus longtemps suspendus des travaux naguère si actifs sous ses divers prédécesseurs, travaux dont l'abandon, depuis le commencement des troubles, portait grand préjudice aux artistes et aux artisans de Paris. Henri savait aussi que, dans cette *grand'ville*, toujours ligueuse au fond, même quand elle bat des mains à qui la délivre de la Ligue, il faut qu'un roi soit toujours sur ses gardes et se ménage des issues. Il savait que son cousin, à la journée des Barricades, serré de près dans ce Louvre, n'avait dû sa liberté qu'aux bons jarrets de son cheval. Son instinct lui disait que ces extrémités, même au milieu des meilleurs règnes, au moment où elles semblent impossibles, peuvent renaître tout à coup ; qu'en conséquence, il fallait prendre de prévoyantes précautions. Au lieu de tourner ses vues vers le Louvre lui-même et d'achever l'œuvre de Henri II, en donnant à l'habitation royale son complément naturel et nécessaire, il conçut un tout autre projet, pensée grandiose, dont le but apparent n'était que d'embellir Paris et la rive de la Seine, mais qui, au fond, devait servir à la sûreté du roi, et partant au salut du royaume. Cette pensée n'est plus visible aujourd'hui ; mais on la saisit, pour peu qu'on se rappelle qu'au point où nous voyons les guichets de la place du Carrousel la ville finissait ; qu'un rempart et un fossé en défendaient l'approche, et qu'au bord de la rivière, à côté d'une porte, en travers sur le quai, s'élevait une haute tour crénelée, connue depuis Charles V sous le nom de la *Tour-Neuve,* et servant pour ainsi dire de pendant, sur cette rive de la Seine, à la Tour de Nesle, située sur l'autre rive, un peu plus en amont. Se ménager à volonté l'usage de deux palais, l'un dans Paris, l'autre en dehors, les mettre en communication prompte et facile, en franchissant le rempart, non par un souterrain, mais, ce qui revenait au même, par une galerie très-élevée au-dessus du sol : tel fut ce projet, que Henri IV voulut mettre à exécution aussitôt après l'avoir conçu, « afin, nous « dit Sauval, d'être, par ce moyen, dehors et dedans la ville quand « il lui plairait, et de ne pas se voir enfermé dans des murailles où « l'honneur et la vie d'Henri III avaient presque dépendu du ca- « price et de la frénésie d'une populace irritée. »

Pour mener à fin ce projet, que de choses il y avait à faire! Les Tuileries, comme on l'a vu plus haut, étaient inachevées. Même en renonçant au vaste plan de Philibert Delorme, en se contentant de terminer l'édifice dans sa partie en construction, c'était encore, pour le relier à la grande galerie projetée, une œuvre considérable. Ajoutons que, du côté du Louvre, tout était en question. Devait-on prendre pour tête des nouveaux ouvrages les constructions commencées par la reine Catherine, en dehors des données de Lescot? Valait-il mieux n'en tenir aucun compte et se créer un autre point de départ? Le parti qu'on allait prendre était pour l'avenir d'une importance capitale. Ce commencement de réunion du Louvre et des Tuileries allait donner de grandes facilités ou faire le désespoir des architectes chargés, plus tard, de relier complétement les deux palais.

Si le terrain eût été libre au sud-ouest du Louvre; si, pour donner à la future galerie un point d'attache convenable, il n'eût pas fallu raser et ce portique en terrasse que recouvre la galerie d'Apollon, et la salle des Antiques, qui lui était contiguë, et, très-probablement aussi, cette autre construction qui se marie maintenant au guichet Lesdiguières, et dont nous avons signalé la symétrique correspondance avec la salle des Antiques; puis enfin, entre ces deux points extrêmes, une série de vingt-neuf arcades, formant alors probablement une autre espèce de portique, terminé, comme le premier, en terrasse ; si tout cela n'eût pas été, sinon achevé, du moins à moitié construit (pour toute autre fin, il est vrai, que pour la réunion des deux palais, mais avec une solidité qui permettait de s'en servir pour les projets du roi), il est probable qu'on n'eût pas volontairement fait suivre à la grande galerie la direction qui lui a été donnée. Au lieu de planter le pavillon de Flore si proche de la rivière, on l'en eût un peu plus éloigné, conformément aux intentions de Delorme, et la grande galerie, pour venir en ligne droite se rattacher à ce pavillon, eût nécessairement incliné vers le nord-ouest, ce qui eût rendu beaucoup moins aigu l'angle rentrant produit par la rencontre du pavillon et de la galerie, et, par là, beaucoup diminué, sinon de fait, du moins en apparence, le défaut de parallélisme des deux palais. C'est là un point technique sur lequel nous n'insisterons pas. Nous montrerons plus loin, non-seulement que la direction de cette grande galerie, mais que son style et son ordonnance seraient tout à fait inexplicables, si ceux qui l'ont construite n'avaient eu l'intention de respecter et d'utiliser des constructions existantes, respect dont il ne faut se plaindre qu'à demi, puisqu'à ce prix nous avons conservé d'aussi précieux vestiges du Louvre des Valois.

Ce qui nous importe maintenant, après avoir constaté quel était le projet de Henri IV, c'est de voir comment et par quelles mains ce projet fut exécuté. Henri arrivait tard pour lutter avec ses prédécesseurs, surtout avec Henri II et avec Catherine. Nos grands artistes du seizième siècle, les plus nobles représentants de la renaissance française, étaient tous au tombeau. La génération qui les suivait n'avait ni cette sûreté de goût, ni ce grand fonds d'imagination et d'originalité, qui jusque-là nous avaient garantis de la contagion italienne. Nous devenions plus enclins à chercher nos exemples au delà des monts, à mesure que cette imitation devenait plus dangereuse. Les deux seuls architectes italiens qui se fussent montrés fidèles aux traditions de l'antique et du quinzième siècle, et qui eussent tenté, au moins en théorie, d'y ramener leur patrie, tout en les reniant trop souvent dans leurs œuvres, Vignole et Palladio. avaient cessé de vivre. Maderne régnait seul, et le terrain se préparait pour les ambitieuses folies de deux hommes alors au berceau : le Bernin et le Borromini. En France, un seul artiste avait survécu aux Bullant, aux Lescot, aux Delorme. Plus jeune qu'eux, et souvent employé sous leurs ordres, témoin de leurs derniers travaux, Androuet Ducerceau devait passer pour leur légitime héritier. Aussi, dès qu'Henri IV eut conçu son projet, ce fut à lui qu'en fut donnée la conduite. Sous le règne précédent, dès 1578, Ducerceau s'était distingué dans les travaux du Pont-Neuf, qu'il commença, mais ne devait pas finir. Il avait ainsi confirmé le renom qu'il s'était acquis par des œuvres d'un autre genre. Dessinateur actif, grand collecteur des idées d'autrui, il avait passé sa jeunesse à copier des monuments, et la publication de ses dessins l'avait de bonne heure fait connaître. Comme Delorme, il avait visité l'Italie; comme lui, il était, par nature, plutôt ingénieur qu'architecte; mais il n'avait, à beaucoup près, ni la tête aussi riche, ni l'esprit aussi fin. Son influence devait porter le dernier coup à l'école des Lescot et des Bullant; avec lui c'en était fait des profils purs et délicats, de l'art sobre et contenu; la France allait s'abandonner, sans goût, par mode, puis enfin par habitude, aux effets outrés et fastueux, aux grandeurs de convention.

Ce fut d'abord du côté des Tuileries que Henri porta l'activité de Ducerceau. Veut-on se rendre compte du prodigieux chemin qu'avaient fait, en trente années, nos idées architecturales? Il suffit de jeter les yeux sur ce pavillon de Flore et sur le corps de logis qui le relie au pavillon de Bullant. Vit-on jamais plus monstrueuse alliance, plus choquante anomalie? A côté de cette délicate finesse, comment comprendre cette gigantesque lourdeur? Si, du moins, les deux édifices étaient isolés et indépendants! Mais non; c'est pour être accolées, accouplées, pour faire un tout, qu'on associe des formes aussi disparates, aussi antipathiques. Et c'est un contemporain, presque un élève des deux grands maîtres des Tuileries, qui s'en vient écraser leur œuvre sous ces massives additions !

Aussi le public de nos jours, ne pouvant supposer un si brusque revirement, s'est-il avisé d'imputer à Louis XIV, à son siècle, à ses idées, cette façon irrévérencieuse d'achever les Tuileries. Il n'en est rien pourtant. Louis XIV a fait, de 1660 à 1665, d'immenses travaux dans ce palais : il a bâti de fond en comble le pavillon Marsan et l'aile qui lui est attenante, mais sans rien inventer et en se bornant à reproduire le plan et le style des parties construites par Henri IV, à l'autre bout de la façade, du côté de la rivière. Il est vrai que cette restauration de 1660, en altérant profondément, comme nous l'avons vu, les conceptions de Delorme et de Bullant, ne s'est pas gênée non plus pour porter quelque atteinte à l'œuvre de Ducerceau ; mais de simples modifications de détail commandées par une nouvelle distribution intérieure du pavillon de Flore et surtout de l'aile contiguë, le percement de quelques fenêtres et le raccordement des trumeaux, n'ont rien changé, ni à l'ordonnance générale, ni aux membres principaux de l'architecture primitive. C'est là un fait qu'établissent surabondamment les dessins les plus exacts et les preuves les plus authentiques, recueillis notamment par Blondel, dans le quatrième volume de son *Architecture françoise*.

Ainsi, c'est bien Ducerceau qui a volontairement commis cette sorte de sacrilége envers ses prédécesseurs. Au lieu de se raccorder à leur style, il s'en est violemment séparé; il s'est donné la triste gloire d'importer le premier parmi nous une des plus grandes licences du seizième siècle italien, l'ordre dit *colossal*, qui, de la nef de Saint-Pierre, s'est répandu dans le monde entier, et a complétement perverti la saine architecture.

L'invention de l'ordre colossal (1) n'est pas seulement une licence,

---

(1) Nous disons l'*ordre colossal*, et non les ordres colossaux, bien qu'il puisse y avoir, à la rigueur, autant d'ordres colossaux qu'il y a d'ordres ordinaires. Nous savons même qu'on peut citer quelques exemples d'ordres ioniques colossaux ; mais, en général, ce n'est guère qu'à l'ordre corinthien ou à son dérivé, l'ordre compo-

c'est une fiction malheureuse, qui, la plupart du temps, manque le but qu'elle veut atteindre : l'apparence de la grandeur. La loi suprême, dans l'art de bâtir, c'est la sincérité. Tout édifice doit franchement exprimer ses dispositions intérieures, et, avant tout, le nombre de ses étages. Du moment qu'on veut appliquer à nos habitations modernes, composées d'étages superposés, le système des ordres antiques, il n'y a qu'un moyen d'en rendre l'emploi pratique et raisonnable : c'est de superposer les ordres, comme ont fait les maîtres italiens du quinzième siècle et nos maîtres du seizième. Autant d'ordres que d'étages, et, par conséquent, pour chaque ordre un seul rang de fenêtres : voilà ce qu'exige le bon sens. Il est vrai que si votre monument est placé dans un espace immense, s'il doit être aperçu de très-loin, le diamètre des colonnes étant subordonné à l'élévation de chaque étage, vos ordres superposés risqueront de paraître mesquins. C'est là un inconvénient dont, avec du talent, on peut toujours triompher, en imprimant un caractère de grandeur aux lignes générales de l'édifice. Mais les Italiens du seizième siècle, au lieu de s'assujettir à ces efforts de talent, ont trouvé plus commode de remplacer, dans ce cas, les ordres superposés par un seul ordre, d'un seul jet, s'élevant, quel que soit le nombre des étages, depuis le soubassement jusqu'au sommet de l'édifice. Les colonnes devenant ainsi deux ou trois fois plus hautes, et l'ampleur de leur diamètre s'augmentant en proportion, elles peuvent braver la distance. Reste à régler le sort des fenêtres, car il en faut pour éclairer chaque étage. On a le choix entre deux expédients : ou bien on les asseoit sur des moulures horizontales correspondant à chaque plancher et se prolongeant à angle droit derrière les fûts des colonnes ; ou bien, pour éviter l'effet désagréable de ces lignes contrariées, on supprime les moulures, la muraille

---

site, que sont appliquées les proportions colossales. L'ordre composite étant même un peu plus élancé que l'ordre corinthien, et ceux qui emploient les ordres colossaux cherchant, avant tout, l'élévation, c'est presque toujours à la forme composite qu'ils donnent la préférence. Voilà pourquoi nous nous servons de ces mots : *Ordre colossal,* dans un sens pour ainsi dire absolu.

reste lisse, et les fenêtres sont percées, pour ainsi dire, dans le vide, les unes au-dessus des autres.

Voilà l'histoire de l'ordre colossal. On voit ce qu'il en coûte pour obtenir, par ce moyen, l'aspect de la grandeur. Mais l'obtient-on, du moins? Si, dans l'architecture à ogives, les supports apparents, colonnes ou colonnettes, montent quelquefois aussi d'un seul jet depuis le sol jusqu'au faîte, ce sont des fuseaux d'un diamètre si mince, comparé à leur hauteur, que, par une illusion dont les yeux ni l'esprit ne peuvent se défendre, ils augmentent, en apparence, la légèreté et l'élévation du monument, lui communiquent, pour ainsi dire, un mouvement ascensionnel, et l'enlèvent avec eux vers le ciel. Ici, au contraire, l'illusion est en sens inverse. Les supports, soit colonnes, soit pilastres, ont beau prendre une hauteur insolite, ils n'en restent pas moins assujettis aux règles ordinaires qui déterminent leur diamètre par leur élévation. De là, pour le spectateur, une méprise inévitable : si élevés que soient ces supports, ils ne lui semblent ni plus sveltes, ni plus élancés que s'ils étaient de hauteur ordinaire, puisqu'à mesure qu'ils grandissent ils s'élargissent d'autant ; et, d'un autre côté, l'échelle habituelle de la hauteur d'un édifice, le nombre des étages, ne lui vient pas en aide pour rectifier ses premières impressions. Ne voyant qu'un seul rang de supports, il croit n'avoir qu'un seul étage devant les yeux, et, quelque grand qu'il le suppose, sa pensée reste en dessous des dimensions réelles de l'édifice. A quoi sert donc l'ordre colossal? Il fait tout juste l'effet d'un ordre ordinaire vu au travers d'un verre grossissant. L'œil perçoit quelque chose de grand; l'esprit s'obstine à n'y point croire. C'est là ce qui vous arrive, à Rome, au moment où vous entrez dans la nef de Saint-Pierre. Vous ne voyez qu'un seul rang de pilastres ; ces pilastres sont d'une dimension exacte et régulière; dès lors, vous les supposez de hauteur raisonnable, et vous faites au moins vingt pas sous ces immenses voûtes, en vous croyant dans une église comme une autre. C'est par un effort d'esprit, après que le *cicerone* a bien voulu vous dire que ces deux bénitiers sont plus grands que des chaires à prêcher, que ces chérubins sont d'énormes colosses, c'est seulement alors que vous parvenez à comprendre que deux grandes églises pourraient tenir à l'aise dans cette église-là. Merveilleuse vertu de l'ordre colossal !

Voilà pourtant la découverte dont Ducerceau tenait à honneur de ne pas nous priver plus longtemps. De là les énormes pilastres qu'il a plaqués, et sur l'aile qui rattache au palais de Catherine le pavillon de Flore, et sur la grande Galerie, depuis ce pavillon jusqu'au guichet Lesdiguières (1), et sur les deux premiers étages du pavillon de Flore lui-même ; car, pour le troisième étage, il a fait la concession de lui donner un ordre à part.

Son importation n'eut pas d'abord un immense succès ; on en peut juger par l'usage assez restreint qui fut fait de cette nouveauté pendant un demi-siècle. Notre école, bien que dégénérée depuis que ses chefs n'étaient plus, n'avait pas encore renié toutes ses traditions. On ne repoussa pas d'emblée l'ordre colossal, comme on eût fait quelques vingt ans plus tôt, mais on l'accueillit froidement ; on s'en servit avec sobriété, presque uniquement dans des portails et dans des frontispices, c'est-à-dire dans les seules circonstances où, sans se dégager de la lourdeur qui lui est inhérente, il est au moins conforme à la raison. Ce ne fut qu'après la mort des de Brosses, des Lemercier et de leurs contemporains, que cette combinaison prit hautement faveur et commença cette grande fortune qui devait se perpétuer presque jusqu'à nos jours. Elle fut admise alors, non-seulement au Louvre pour la seconde fois, non-seulement dans d'autres demeures royales, mais jusque dans les maisons des simples particuliers. Employée avec mesure et discrétion, comme sur les façades de la place Vendôme, elle est d'un effet tolérable. Dans le jardin du Palais-Royal, un de ses derniers théâtres, elle s'est donné libre carrière, et Dieu sait ce qu'elle a produit ! Nous devons le dire pourtant : le pire de ses méfaits est encore pour nous le premier ; non que ce pavillon de Flore et ses deux lourds annexes ne soient, malgré leurs défauts, préférables, sous

(1) Voir le plan, signe *.

bien des rapports, à tels monuments conçus dans le même système ; mais parce qu'ils écrasent sous leur masse un gracieux et délicat chef-d'œuvre ; parce qu'en pareil voisinage, on est deux fois coupable de les avoir construits. Ces deux architectures sont tellement hétérogènes, qu'en les trouvant là réunies, vous êtes tenté de croire que ce palais a deux sortes d'habitants, de race et de taille différentes ; qu'il a été bâti, d'un côté pour des hommes, de l'autre pour des géants.

Nous aurions bien d'autres querelles à faire à Ducerceau. Pourquoi, au premier étage du pavillon de Flore et de la grande Galerie, ces fenêtres si démesurément longues ? Pourquoi les avoir fait monter jusqu'au-dessous de la corniche, en traversant l'architrave et la frise, et en coupant, pour ainsi dire, par tronçons ces membres essentiels de l'édifice, ces points de force, ces soutiens de la couverture ? Il y a là une licence toute gratuite, que rien n'explique ni ne justifie, et que Blondel appelle avec raison le plus grand des abus en architecture. Malheureusement cet abus fit bien vite autorité, et presque toutes les maisons du commencement du dix-septième siècle sont entachées de ce défaut. Que dire, enfin, de cette série de frontons posés, le long du quai, sur le devant de ce comble continu ? N'est-ce pas le rebours du bon sens que d'appliquer sur les parties latérales d'un toit des frontons qui n'en peuvent être que l'extrémité, qui en représentent le pignon, la pente à deux égouts ? Si, dans de petites dimensions, pour couronner le chambranle d'une fenêtre, on est autorisé par d'excellents exemples à user d'un fronton comme d'un motif de pure décoration, est-ce une raison pour s'en servir dans des dimensions décuples, et surtout dans une partie du bâtiment où le contre-sens devient si manifeste ? Sans doute, à côté de ces fautes, il serait juste de citer des détails heureux, et de reconnaître dans l'ensemble un certain aspect imposant et majestueux, bien que mêlé de quelque mollesse. Aussi, lorsque ce pavillon et les premières travées de la galerie commencèrent à prendre figure, la foule parut frappée de la grandeur du travail ; mais les hommes de l'art murmurèrent. Le roi leur prêta-t-il l'oreille ? Leur donna-t-il raison ? Montra-t-il à Ducerceau moins de confiance ? Est-ce un mécontentement de cour qui réveilla chez l'artiste les rancunes du huguenot ? Ou bien conservait-il, même aux jours de sa faveur, son vieux levain de calvinisme, et se laissa-t-il emporter à quelque imprudente bravade ? On ne sait ; mais il est certain qu'avant l'achèvement des travaux qui lui étaient confiés, Ducerceau, compromis dans une affaire de religion, fut obligé de quitter la France. C'était au moins deux ans avant 1604. Au commencement de cette année, le Pont-Neuf fut terminé, et son achèvement fut l'œuvre, non de celui qui en avait posé la première pierre, mais de Guillaume Marchand. Ducerceau, retiré en Allemagne, ne revit plus son pays ; il mourut trois ou quatre ans après l'avoir quitté.

Le roi lui donna pour successeur Étienne Dupeirac, un de ses peintres, très en faveur auprès de la nouvelle reine qui l'avait connu à Florence, et très-versé dans l'étude de l'architecture. Dupeirac avait assisté Ducerceau depuis quelques années, et lui-même eut bientôt pour adjoint, et enfin pour successeur, Thibault Métézeau, le père de cet autre Métézeau qui construisit la grande digue de la Rochelle.

Tous ceux qui ont écrit sur le Louvre se contentent d'attribuer à ces changements d'architectes la différence de style si brusque et si tranchée qui divise, pour ainsi dire, en deux parties, cette grande galerie de Henri IV. Nous ne croyons pas que l'explication soit suffisante. La disparate est trop profonde pour ne tenir qu'à cette cause. D'un côté, un seul ordre, un ordre colossal ; de l'autre, non-seulement deux ordres, mais une sorte d'attique intermédiaire, ou, comme disent les Italiens, un *mezzanino*. Impossible d'imaginer deux dispositions plus dissemblables. Quel serait l'architecte, si jaloux qu'on le suppose de rompre avec son prédécesseur, qui, chargé de continuer un édifice en cours d'exécution, eût osé le transformer ainsi, à moins d'y être contraint, en quelque sorte, par de graves considérations de convenance ou d'économie ? On comprendrait qu'il se fût permis des modifications, des variantes, un accent tout nouveau dans les détails ; mais un changement de fond en comble, c'est impossible. Admettons-le pourtant. Supposons que le roi, mécontent de la première moitié de sa galerie, ait dit à ses artistes : « Faites-moi tout autre chose. » Dans ce cas même, nous l'affirmons, ce n'est pas cette combinaison de deux ordres séparés par un attique qui eût été inventée. L'ordre unique n'avait pas réussi : on en eût proposé deux, pas davantage. C'était là le parti qui venait naturellement à l'esprit, sans recourir à ce demi-étage, à ce demi-ordre intermédiaire, supplément inutile, si la pensée de l'artiste eût été libre ; pièce de rapport qui n'est évidemment qu'un expédient, un moyen ingénieux de tirer parti d'une construction existante et de la faire servir à l'établissement du plain-pied entre les deux palais. Si cette partie de la galerie n'est pas un remaniement, un rajustement, si elle a été conçue en toute liberté, nous demandons qu'on nous explique pourquoi elle est fondée à deux mètres au moins plus bas que la première partie ? Qui pourra jamais se persuader que Dupeirac et Métézeau eussent voulu, de gaîté de cœur, enterrer ainsi leur monument, pour l'unique profit de l'enrichir d'un *mezzanino* ? Car de cet enfoncement seul vient la possibilité d'introduire entre les deux ordres ce demi-ordre de contrebande. Si vous relevez le soubassement de deux mètres, il n'y a plus de place pour le *mezzanino*, la hauteur du premier étage étant fixée invariablement par le niveau du plain-pied de la galerie. La présence de cet étage intercalé est donc une preuve sans réplique que ce long soubassement toscan, à bossages et à pilastres accouplés, existait avant qu'Henri IV eût conçu le projet de sa galerie, qu'il contribua peut-être à lui en suggérer l'idée, et que les architectes, invités à ne pas le détruire, durent se creuser l'esprit pour trouver une ordonnance qui atteste sans doute leur rare habileté, mais qu'ils n'eussent jamais volontairement choisie. Libres de leurs allures, ils auraient commencé par relever leurs fondations ; puis, au lieu de l'ordre toscan, ils en auraient pris un de proportions plus élancées, et auraient ainsi rejoint, très-aisément et sans intermédiaire, leur ordre supérieur.

Faut-il des preuves d'un autre genre pour établir que ce portique en contre-bas n'est pas de la même main que les étages qui le surmontent? Qu'on veuille bien examiner la nature de l'appareil, la disposition des pierres, et surtout l'épaisseur des reliefs réservés pour la sculpture. Dans la partie inférieure, il y a plus de fruit, c'est-à-dire prévision chez l'architecte d'une sculpture plus grasse et plus fouillée, tandis que dans le haut il y a tendance à plus de sécheresse. Or c'est le contraire qui aurait eu lieu, si le tout eût été conçu en même temps. Enfin, par un renversement des notions les plus élémentaires, l'ordre toscan, qui, lorsqu'il s'associe à l'ordre corinthien, doit toujours être plus court et plus ramassé, est dans le soubassement plus élevé d'un module que l'ordre corinthien du sommet. Le niveau de la galerie commandait, comme nous l'avons vu, les dimensions de l'ordre supérieur : il est donc évident que l'inférieur a été trouvé tout fait, sans quoi des hommes imbus de leur Vitruve comme Dupeirac et Métézeau lui auraient-ils jamais donné de pareilles proportions?

Nous demandons pardon de tant insister sur ce point, mais l'existence préalable et indépendante de ce soubassement, eu égard aux constructions qu'il supporte, n'étant signalée nulle part, et les notions les plus confuses et les plus contradictoires régnant dans tous les documents écrits sur cette partie de la grande galerie, la conviction que nous a inspirée l'étude du monument lui-même demandait à être appuyée de ses principaux motifs.

Ce qui serait plus intéressant peut-être, ce serait de savoir quand et par qui ce soubassement a été construit. Mais sur ce point tout n'est que conjectures. Nous pouvons affirmer pourtant, quoi qu'on en ait pu dire, que Serlio n'y fut pour rien. Ce nom de Serlio a été prononcé par une de ces méprises si fréquentes chez nous dès qu'il s'agit de nos arts et de leur histoire. C'est un sujet qu'on s'est avisé si tard de traiter avec un peu d'exactitude! Ces méprises une fois imprimées ont été gravement reproduites, et le sont encore aujourd'hui. C'est ainsi que, faute de la moindre critique, on a pu supposer que la partie de la grande galerie la plus proche du Louvre, et dans cette partie, non pas le soubassement seulement, mais les étages qui lui sont superposés, avait été construit sous Henri II, d'après les dessins de Serlio. Or comment imaginer que les parties supérieures de cette galerie eussent pu être édifiées lorsque ni le grand salon ni la galerie d'Apollon n'existaient encore, pas même à rez-de-chaussée? Mais, sans parler de cette impossibilité évidente, il est parfaitement certain qu'Henri II n'eut jamais affaire à Serlio pour les travaux du Louvre, qu'à peine put-il avoir, au début de son règne, quelques rapports avec lui au sujet de Fontainebleau, et que Serlio, retiré à Lyon, y passa deux ou trois ans infirme et solitaire, et finit par y mourir dès 1552. Il n'y a donc aucun prétexte pour le faire intervenir dans des travaux commencés, tout au plus tôt, dix ans après sa mort.

S'il fallait absolument hasarder une conjecture, nous serions bien tenté de croire, comme nous l'avons indiqué déjà, qu'avant de s'occuper des Tuileries, Catherine aurait jeté là, le long de l'eau, comme les amorces d'un palais à son usage, sorte d'annexe du Louvre, qu'elle aurait bientôt abandonné pour sa grande conception. Ne pourrait-on pas supposer que, de même qu'au rez-de-chaussée de la galerie d'Apollon, elle s'était servie, pour aller plus vite, des revêtements d'un ancien fossé, ici elle aurait pris pour base un des murs crénelés des basses-cours de Charles V, lesquelles, comme on sait, étaient situées en contre-bas des parapets du Louvre. Cette circonstance expliquerait un fait extraordinaire et sans motif, la fondation de cette partie de la galerie sur un sol exceptionnellement si bas. Ajoutons que les bossages et le caractère florentin de ce soubassement lui donnent une certaine analogie avec le petit portique de la galerie d'Apollon et deviennent un argument de plus; enfin, on pourrait aller jusqu'à se demander si Delorme lui-même n'aurait pas mis la main à ce travail; nous y retrouvons ces colonnes à tambour qui lui tenaient si fort au cœur, et qui probablement plaisaient aussi à la reine, puisqu'elles étaient en si grand nombre aux Tuileries.

Il faut pourtant à cette conjecture en opposer une autre qui n'est guère moins plausible. Ne serait-ce pas Henri III qui aurait ébauché ce travail? A la manière un peu confuse dont l'*Estoile* et d'autres contemporains parlent du Louvre sous ce règne, il est presque permis de croire qu'indépendamment du portique servant d'enceinte au jardin de la Reine, il en fut entrepris un autre également vers la rivière. Or, ce long soubassement, qui, du côté du nord, se compose d'une série d'arcades, n'était-il pas un véritable portique?

Après tout, que ce soit Henri III ou sa mère qui ait fondé, préparé, dégrossi cette construction, il n'en est pas moins vrai que ce fut Henri IV qui la fit décorer. Les emblèmes de tout genre entremêlés à la décoration ne laisseraient à cet égard aucun doute, quand même nous n'aurions pas les affirmations de Sauval, témoin de plus en plus sûr à mesure que les temps dont il parle sont plus voisins de lui. Les deux sceptres de France et de Navarre, les bandelettes qui les unissent, portant cette devise: *Duos protegit unus*, les H couronnées au milieu de quatre jambages indiquant le chiffre IIII, voilà certes des preuves qu'on ne peut récuser, sans en compter une autre, que Sully devait trouver mal séante, allusion un peu trop publique à un amour qui faillit, il est vrai, devenir légitime, les initiales du nom de Gabrielle, entrelacées aux H couronnées. Ces chiffres presque effacés naguère sur toute la façade du midi, Sauval nous disait les avoir vus, et s'étonnait que Marie de Médicis au temps de sa régence ne les eût pas fait biffer. Malgré cette assertion, nous aurions été tenté de croire que Sauval avait de mauvais yeux, si, du côté du nord, à la cinquième travée, il n'existait encore un de ces chiffres dans un état de complète conservation et échappé, on ne sait comment, ainsi que les attributs royaux qui l'entourent, aux mutilations de 93. Le fait n'est donc pas contestable, et nous devons reconnaître qu'en ce genre de sculpture Henri IV avait fait un pas de plus qu'Henri II, car celui-ci du moins se sauvait par une équivoque: Deux C placés dos à dos dans l'intérieur d'un H prennent en se soudant aux deux jambages l'aspect de deux D dont l'un est renversé; les initiales de

Catherine cachaient donc celles de Diane, et l'hommage allait à son adresse sans que la morale eût rien à dire. Ici, au contraire, ces G sont moins accommodants. Marie de Médicis ne pouvait s'y méprendre, et nous trouvons, comme Sauval, qu'il lui aurait été permis de les faire disparaître. Mais l'habile architecte qui vient de diriger la restauration de cette façade n'avait pas les mêmes droits, et c'est avec raison qu'il a rétabli ces chiffres partout où ils ont existé.

Malgré ces témoignages répétés qui impriment le nom de Henri IV sur toute cette décoration, la sculpture en est si souple et d'un faire si charmant, il est si rare de retrouver cette finesse de taille et de dessin dans les monuments de ce règne, et l'analogie est si grande entre ces contours à la fois arrêtés et moelleux, cette grâce fluide et coulante, et la manière de nos derniers maîtres du seizième siècle, qu'involontairement on se demande si quelques parties de cette décoration n'auraient pas été commencées dès le temps de la construction première et si la nécessité de se raccorder à ces fragments n'aurait pas engagé les sculpteurs de Henri IV dans une voie que par eux-mêmes ils n'auraient pas suivie. Sur cette question de détail, Sauval n'est d'aucun secours : il nous dit seulement que la charmante frise de ce soubassement, représentant des petits génies marins si gracieusement groupés, est l'œuvre de Pierre et de François l'Heureux. Ces artistes en avaient-ils trouvé une partie commencée ? Sauval n'en dit mot. Quant au côté du nord, le même doute ne se présente pas : là tout porte bien sa date ; l'accent de la sculpture est tout autre et beaucoup plus conforme au style habituel de cette époque. Il est vrai que ces tailles un peu lourdes n'ont pas reçu la dernière main ; les sculpteurs, on le voit, ont abandonné leur travail sous le coup de la mort du roi et ne l'ont plus repris. Ils n'en avaient ébauché que le tiers ; le reste est aujourd'hui, comme il y a deux cent quarante ans, simplement équarri. Mais quel admirable champ pour le ciseau ! Quand on voit du côté de la rivière cette même façade, maintenant qu'elle est si habilement et si fidèlement rajeunie, on ne peut s'accoutumer à l'idée que bientôt, si rien ne modifie le projet approuvé, une moitié de celle-ci sera comme emprisonnée dans des cours de service, et l'autre à jamais noyée dans des masses de moellons ! Nous ne voulons pas croire qu'un pareil sacrifice puisse être sciemment consommé. N'est-ce pas un devoir que d'achever cette façade, et surtout de la laisser voir?

Si longuement que nous ayons parlé des travaux de Henri IV au Louvre, nous sommes loin d'avoir tout dit. A peine avons-nous indiqué la galerie des Rois, c'est-à-dire le surhaussement de l'aile bâtie par Catherine perpendiculairement à la Seine, le raccordement de cette galerie avec le pavillon du Roi, l'achèvement et la surélévation de la salle des Antiques ! En ajoutant à ces travaux le prolongement des Tuileries du côté de l'eau, et enfin la grande galerie tout entière, où trouve une étendue de constructions monumentales égale à près d'un quart de lieue. La quantité sans doute est dans ce vaste ensemble ce qui étonne, ce qu'il faut admirer plus encore que la qualité, bien qu'il y ait, nous l'avons vu, des beautés du meilleur aloi dans la partie décorative et même dans l'architecture, à mesure surtout qu'on se rapproche du Louvre, comme si le voisinage et le souvenir de Lescot avait eu cette heureuse influence. Mais le travail principal de ce règne, le but de quinze ans d'efforts, c'est la grande galerie. Elle était terminée, c'est-à-dire élevée et couverte d'un bout à l'autre, avant la mort du roi. Le fait est attesté par le plan cavalier de Quesnel, daté de 1609, et confirmé par un plan plus finement gravé, dont l'auteur est Vassalieu dit Nicolay. Ce second plan, publié également en 1609, est accompagné d'un texte dans lequel on lit à propos du Louvre : « Henri IV, qui règne à présent, a avancé en telle sorte cette ar-« chitecture parfaite, que la galerie joint maintenant. » Il est probable qu'elle *joignait* dès 1608, puisque c'est en cette année, au dire de Péréfixe, que le roi fit arpenter ses galeries à don Pèdre, ambassadeur d'Espagne, en lui demandant si son maître avait à l'Escurial des promenades de cette longueur-là avec un Paris au bout.

V.

Le Louvre sous Louis XIII.

Henri mort, les travaux s'arrêtèrent. On continua seulement certains ouvrages qu'un complet abandon aurait laissés en trop grande souffrance, mais sans rien entreprendre à nouveau. Au bout de trois ou quatre ans, la régente, se croyant mieux assise et commençant à jouir du pouvoir, voulut se donner à son tour ce royal amusement de bâtir. Elle fit alors comme Catherine, elle laissa là le Louvre et s'en alla se fonder un palais à l'autre bout de Paris, sur les terrains de l'ancien hôtel Luxembourg. Moins inconstante en ces sortes d'affaires que la veuve de Henri II, elle ne changea ni de projets ni d'architecte, et son œuvre parvint régulièrement à son terme. Dupeirac étant mort, elle avait donné sa confiance, non comme le feu roi à Thibaut Métézeau, mais à un homme qui ne valait pas moins et qui est resté plus célèbre, Jacques de Brosses. Celui-ci, sans renoncer aux traditions de notre ancienne école à laquelle il appartenait, et sans se lancer dans les nouveautés de l'*ordre colossal*, fit pourtant à la reine une importante concession. Il appareilla son édifice à la manière florentine et le couvrit du haut en bas de bossages, afin de lui donner un certain air de ressemblance avec le palais Pitti, où Marie avait passé sa jeunesse. Chaque chose est bonne en son pays. Sous nos grands toits d'ardoise il faut de la sculpture, des effets accidentés, du mouvement, de la vie; mettre, comme au Luxembourg, ces masses sombres et uniformes en contact avec un appareil où ne peut se glisser aucun motif sculpté, c'est se priver de tout contraste, se condamner à la monotonie. Aussi, malgré de grandes qualités de style, malgré l'imposante ampleur de la pensée et le rare mérite d'une régularité parfaite, le palais de de Brosses a-t-il, dans son aspect, quelque chose de lourd et de bâtard. Ce n'est ni la fierté robuste d'un palais florentin, ni la spirituelle majesté d'un vrai palais français.

Pendant qu'on travaillait au Luxembourg, le Louvre était tombé à l'état d'abandon, à peu près comme sous la Ligue; mais Richelieu fut à peine au pouvoir que tout changea de face. Il entrait dans ses desseins que le roi, laissant sa mère préparer sa propre demeure, reprît grandement et royalement les travaux de son Louvre.

Le feu roi n'avait rien fait dans le Louvre proprement dit : ses efforts s'étaient constamment portés au dehors. S'il eût vécu, une fois les Tuileries achevées, c'est-à-dire prolongées vers la rue Saint-Honoré, où tout était encore à faire, sa galerie sculptée au dehors et décorée au dedans, il est probable qu'il se fût tourné vers le cœur même du palais, vers cette cour du Louvre, restée depuis Henri II dans un délabrement qui empirait chaque jour. Richelieu voulut qu'immédiatement ce fût de ce côté qu'on se remît à l'ouvrage. Il y voyait, pour faire honneur au roi, une occasion meilleure que le simple achèvement des projets de Henri IV. Ces projets avaient d'ailleurs perdu une partie de leur utilité première. Les Tuileries n'étaient déjà plus hors Paris. Sous la pression d'une population toujours croissante, l'ancien rempart avait en partie disparu pour faire place à des maisons. La ville s'étendait au delà du palais de Catherine, comprenant dans son enceinte non-seulement les parterres plantés par cette reine, mais les longues allées, les bosquets et les immenses treillages que Henri IV y avait ajoutés. On creusait les nouveaux fossés de la ville au bout de ce vaste jardin que Lenôtre, cinquante ans plus tard, devait planter à nouveau. Ces fossés ont subsisté pendant plus d'un grand siècle même après que le Cours-la-Reine et les Champs-Élysées furent à leur tour enclavés dans Paris, et c'est pour perpétuer ces souvenirs, par une sorte de respect historique, qu'en 1760, Gabriel, chargé de dessiner la place Louis XV dont il venait d'élever les façades, eut l'ingénieuse idée de construire, à l'entour, comme une ceinture de fossés d'un dessin vigoureux et simple; décoration à la fois symétrique et accidentée qui encadrait si bien cette noble place, et qui vient d'être détruite avec une précipitation tout au moins regrettable, sans que personne puisse expliquer pourquoi!

Henri IV, à l'aspect nouveau que Paris avait pris moins de quinze ans après sa mort, se serait peut-être tout le premier détourné de ses anciens projets. Le cardinal avait plus d'un motif pour en préférer d'autres et pour concentrer les travaux dans l'enceinte du vieux Louvre. C'était là comme le berceau de la royauté française; il voulait y porter cette grandeur et cet éclat qu'il rêvait pour la royauté elle-même; puis il était bien aise de nettoyer et de remettre à neuf ce quartier de Paris, où lui-même il méditait déjà de placer sa somptueuse demeure.

Une fois le parti pris d'achever le Louvre de Henri II, on se mit à démolir pour faire place aux constructions nouvelles. Il ne restait du vieux palais que deux corps de logis, celui de l'est et celui du nord : on commença par celui-ci. On jeta bas ces tours et ces tourelles qui sont encore indiquées dans les plans de Quesnel et de Vassalieu, et ces longues tonnelles du grand jardin du nord, dont ces mêmes plans nous donnent aussi l'image. Il fallut enfin sacrifier l'escalier de Raymond du Temple, cette vis merveilleuse, chef-d'œuvre bien malade, mais pourtant encore debout. Le sol ainsi rasé, qu'allait-on faire? Fallait-il, comme Lescot, se maintenir sur les fondements du bâtiment démoli, fallait-il au contraire changer et agrandir le plan?

Les travaux étaient confiés à un homme qu'affectionnait le cardinal, dont il avait éprouvé les talents, et qu'il devait bientôt mettre à la tête de deux autres grandes constructions, la Sorbonne et son propre palais. Récemment revenu d'Italie, Lemercier n'en avait rapporté aucun engouement dangereux; c'était un esprit judicieux et solide, capable de trouver belles les choses qu'il n'avait point faites, un peu froid, mais sans l'ombre de vanité ni de charlatanisme. Il admirait sincèrement les façades de Lescot, et, s'il avait pu suivre son penchant, il eût sans doute achevé l'édifice sans s'écarter de ses proportions primitives. Mais ce projet modeste n'avait aucune chance d'être agréé. Depuis que les parties accessoires du palais avaient pris cette immense étendue, la partie principale pouvait-elle conserver ses anciennes dimensions? Puis la politique ne disait-elle pas qu'il fallait au roi de France le plus grand palais de l'Europe? On ne pouvait donc plus songer au petit Louvre de Lescot.

Mais dans un nouveau plan, d'une grandiose échelle, comment tirer parti de ces deux bâtiments non achevés à leurs extrémités, ne pouvant se raccorder à rien, et dont la forme en équerre devait produire dans toute composition régulière l'effet le plus gauche et le plus disgracieux? D'un autre côté, comment se décider à détruire ces ravissantes façades qui depuis soixante ans excitaient une admiration unanime? Le cardinal lui-même ne l'aurait pas osé. — Lemercier tira tout le monde d'embarras en proposant un moyen terme qui permettait, sans toucher à ces deux façades, de bâtir un palais quatre fois plus grand que celui de Lescot. Pour cela, il ne s'agissait que de continuer chacun des deux corps de logis déjà bâtis, de les conduire jusqu'au double de leur longueur, en reproduisant exactement sur la partie prolongée l'architecture de la partie existante, puis de faire du côté de l'est et du côté du nord, pour compléter le quadrangle, deux autres corps de logis égaux aux deux premiers. Par ce moyen, on doublait l'étendue des bâtiments et on quadruplait la superficie de la cour; au lieu d'un arpent, elle allait en avoir quatre. La seule innovation que se permettait Lemercier était d'ajouter aux quatre grands pavillons du plan primitif, dont un seul, celui de l'angle sud-ouest, était déjà bâti, quatre autres pavillons de même importance et de même hauteur, placés au centre de chacune des quatre façades, et destinés à interrompre l'uniformité de ces lignes si longuement prolongées. L'addition de ces quatre pavillons avait un autre avantage : elle fournissait à Lemercier le motif naturel de quatre grands vestibules donnant des accès faciles et commodes dans le palais. Un seul de ces vestibules, celui de l'ouest, a été exécuté par lui, et avec un rare bonheur; il est vrai qu'on peut y reconnaître une réminiscence assez peu déguisée de l'entrée du palais Farnèse.

Le projet de Lemercier fut bien vite approuvé, et aussitôt on se mit à l'œuvre La première pierre de l'achèvement du Louvre, cérémonie si souvent renouvelée depuis, fut posée par le roi en grande solennité, le 28 juin 1624, et bientôt s'élevèrent les premières assises du pavillon qui fait face aux Tuileries. Ce pavillon, dit de *l'Horloge*, eût été un pavillon d'angle dans le plan primitif; il devenait dans le nouveau plan le pavillon central de l'aile occidentale (1).

Scrupuleux observateur des idées de Lescot, Lemercier, pour composer ce pavillon, s'était inspiré des dispositions principales du pavillon du Roi, c'est-à-dire du pavillon de l'angle sud-ouest, en façade sur la rivière. Il l'avait même exactement copié pour son élévation du côté du couchant; mais, du côté de la cour, il avait bien fallu chercher plus de richesse pour se mettre en harmonie avec le reste de la façade. Aux étages inférieurs, les avant-corps de cette façade lui avaient fourni les motifs de sa décoration; mais au dernier étage, ne voulant pas laisser vides les trumeaux des trois grandes ouvertures à plein cintre pratiquées par Lescot, force lui fut d'inventer, et il imagina de grouper deux à deux, en guise de colonnes accouplées, huit grandes figures de femmes cariatides. Ces figures soutiennent trois frontons concentriques de forme différente et enchâssés les uns dans les autres, disposition bizarre, peu digne du bon esprit de Lemercier. Quant aux cariatides, elles sont, comme on sait, le chef-d'œuvre du ciseau de Sarazin, et, quoique bien inférieures au modèle qui les a probablement inspirées, c'est-à-dire aux cariatides de Jean Goujon (2), quoique leurs dimensions un peu trop colossales et la lourdeur du dôme qu'elles soutiennent puissent donner lieu à de justes censures, on ne peut

---

(1) Lemercier avait, comme on voit, commencé ses travaux à partir de l'escalier d'Henri II, au pied duquel le roi avait rendu le dernier soupir; escalier contigu au pavillon de l'Horloge, et qui a été reproduit par Lemercier de l'autre côté du pavillon. C'est donc à tort que ce pendant de l'escalier d'Henri II est appelé aujourd'hui escalier d'Henri IV, puisqu'on n'a entrepris de le construire que dans la quinzième année du règne de Louis XIII.

(2) Placées sous la tribune de la salle des Gardes, aujourd'hui dite la salle des Cariatides.

méconnaître qu'elles couronnent le pavillon d'une façon imposante et hardie, sans jeter un trop grand trouble dans l'aspect général du monument.

Encore un coup, ce fut là tout ce que Lemercier se permit d'inventer. Depuis ce pavillon central jusqu'à l'extrémité nord-ouest de la façade, il ne fit autre chose que de reproduire fidèlement, trait pour trait, comme l'eût fait un disciple soumis, le modèle que lui avait laissé Lescot. Puis à l'angle de cette façade, ainsi complétée, il construisit un pavillon exactement semblable au pavillon du Roi, et enfin il commença, toujours sur le même patron, l'aile en retour du côté du nord. Mais il ne la conduisit qu'à moitié environ de sa longueur, vers la naissance du vestibule, et jusqu'au premier étage seulement. Les travaux en étaient là, en 1643, lorsque Louis XIII mourut; on en peut voir l'indication précise dans une jolie planche d'Israël Sylvestre, intitulée : *Vue et perspective du dedans du Louvre faict du règne de Louis XIII.*

Les travaux de ce règne avaient eu deux sortes de résultats. D'une part, ils avaient fixé d'une manière irrévocable les dimensions futures du palais. Cette aile occidentale achevée dans toute sa longueur, cette amorce de l'aile septentrionale correspondant à ce qu'il y avait de fait du côté du midi, c'en était assez pour qu'il fût désormais impossible, soit de revenir à de moindres proportions, soit de chercher encore à les étendre. D'un autre côté, ces travaux avaient donné pour ainsi dire une consécration nouvelle aux façades de Lescot, et assuraient dans l'avenir leur inviolabilité. C'est là un vrai service rendu par Lemercier, service d'autant plus estimable que ni de son temps ni peut-être à aucune époque, soit plus ancienne, soit plus récente, on ne trouverait beaucoup d'artistes disposés à se mettre ainsi à la gène et à descendre à un rôle si modeste pour respecter les chefs-d'œuvre d'autrui. Mais, tout en rendant justice à cette abnégation, il faut qu'on nous permette de dire que Lemercier, avec les meilleures intentions du monde, n'a sauvé que la vie matérielle de ces précieuses façades, et que, quant à leur vie morale, à leur âme pour ainsi dire, à cette beauté qui naît de la justesse et de l'harmonie des proportions, il en a fait presque aussi bon marché que s'il les eût grossièrement mutilées. On ne conserve pas un monument en l'allongeant ainsi, en l'étirant, en le passant en quelque sorte au laminoir. Si Lescot revenait au monde et qu'on lui dît : « Voilà votre œuvre, » il se révolterait. Laquelle de ses idées trouverait-il intacte et respectée ? Il avait pu, sans s'exposer à la moindre monotonie, donner à toutes ses façades une même ordonnance ; trois avant-corps encadrant deux parties rentrantes, c'était un élément de variété en même temps que de symétrie, et, en répétant cette disposition dans une aussi sobre mesure, il était sûr de son effet ; mais il croirait rêver en trouvant sur chacune de ces façades six avant-corps au lieu de trois, et entre chacun de ces avant-corps, ces trois fenêtres, toujours les mêmes, répétées seize fois de suite ; puis, par comble de disgrâce (ce qui n'est plus du fait de Lemercier), ses pavillons d'angles rasés, et sur trois des côtés de la cour ses façades surélevées ! Les idées de ce grand artiste ont donc été dénaturées à qui mieux mieux, en longueur par les uns, en hauteur par les autres ; et pourtant telle était leur puissance native, qu'elles triomphent de cette double épreuve, et conservent, même en si triste condition, un attrait et un charme indicibles, comme un vin généreux qui, même étendu d'eau, laisse encore deviner son bouquet et sa saveur. Que si dans ce mélange on veut retrouver aujourd'hui quelque chose de pur, il n'y a qu'un moyen, tourner le dos aux nouvelles façades, et se rapprocher assez de celles que sculpta Jean Goujon pour ne plus voir au delà. On sent alors au bout de quelques instants se condenser, se raffermir tout ce qui semble lâche et détendu dans ce grand ensemble factice, et peu à peu on se fait une idée du rhythme délicat, mais fortement accusé, qui eût réglé tout l'édifice s'il fût resté tel qu'il avait été conçu.

Dans nos idées modernes, nous aurions conservé ces deux ailes telles qu'elles étaient, comme un chef-d'œuvre inachevé et un spécimen à jamais respectable du goût exquis de nos pères. Nous les aurions soignées, consolidées et fait vivre artificiellement pour l'exemple et l'admiration des siècles à venir. Ce sont là des soins et des devoirs qui n'appartiennent qu'aux époques critiques et impartiales, sans passion et sans action. La France n'en était pas là sous Richelieu. Elle marchait, elle allait en avant. Quel que soit notre zèle pour nos vieux monuments, et dût le Louvre en souffrir de nouveau, si nous pouvions choisir, nous aimerions mieux marcher.

VI.

Le Louvre sous Louis XIV.

Il faut glisser rapidement et sur la minorité de Louis XIV et sur la Fronde. Ce n'est pas, comme on serait tenté de le croire, que, pendant ces temps orageux, on ait cessé de travailler au Louvre ; il y fut fait au contraire d'assez nombreux ouvrages, mais plutôt d'emménagement que de construction. On continua pendant les premiers temps d'ajouter, chaque année, quelques assises à l'aile septentrionale, seulement pour n'avoir pas l'air d'abandonner les projets du feu roi. Les vrais travaux n'étaient plus là. Lemercier et tout son monde ne s'occupaient que des appartements de la régente. Retirée avec son fils au palais Cardinal pour prendre possession du legs de Richelieu, Anne d'Autriche n'avait pas dessein de s'y établir. Elle voulait être royalement logée, et au rebours de Catherine et de Marie de Médicis, c'était au Louvre qu'elle préparait sa demeure. Elle avait repris et s'était approprié les premiers projets de Catherine, c'est-à-dire la réunion du rez-de-chaussée de la petite galerie aux anciens appartements de la reine. C'est elle qui avait fait disposer les distributions intérieures de ce long rez-de-chaussée, qui, dans le plan de Ducerceau, gravé en 1576, ne forme qu'une seule salle sans aucune division. Elle en avait composé cinq beaux salons de formes diverses et tous d'une grande magnificence, ainsi qu'on en peut juger par ce qui reste, autour des plafonds, des stucs et des sculptures des Anguier. Quant aux plafonds eux-mêmes, ils étaient l'œuvre d'un talent facile et déjà célèbre, de ce Romanelli que Mazarin allait bientôt appeler à décorer aussi la galerie de son palais. Vers cette même époque, la reine s'était fait faire, dans le pavillon du Roi, cette merveilleuse salle de bain toute tapissée d'or et de marbre, que Sauval ne peut se lasser d'admirer et de décrire; elle avait aussi, non loin de là, fait précédemment construire, à peu près dans l'emplacement qui forme aujourd'hui la cage de l'escalier du Musée, une salle de spectacle dont quelques substructions se laissent encore deviner dans l'habitation du concierge, et qui servit aux divertissements de la cour jusqu'au moment où Louis XIV éleva dans les Tuileries le théâtre qu'on y voit encore.

Tous ces travaux, et beaucoup d'autres de même sorte, ne peuvent être qu'indiqués par nous. Décrire les remaniements continuels qu'a subis l'intérieur de ce palais, serait une tâche infinie; nous ne cherchons à nous rendre compte que des changements de quelque importance qui ont modifié son aspect extérieur. Or, c'est seulement en 1660 que commence, sous Louis XIV, une première série de travaux de ce genre. Mazarin vivait encore, puissant et respecté; il venait de marier le roi et de donner la paix à la France. Il voulut que, dans la capitale, le traité des Pyrénées ne fût pas célébré seulement par des fêtes et des jeux, mais par un spectacle plus durable, par de grandes et belles constructions. Une autre cause avait aidé à cette reprise des travaux. Lemercier venait de mourir, dans la plus honorable pauvreté, après trente ans et plus de cette grande charge de premier architecte du roi. Bien que jusqu'au dernier jour il se fût occupé du Louvre, et que de temps en temps il proposât des projets d'achèvement, il n'était plus d'âge à les exécuter. Son successeur, au contraire, Louis Levau, avait, quoique approchant de la soixantaine, toute l'activité d'un jeune homme. C'était comme Lemercier un artiste sérieux et instruit; plus animé, plus hardi, mais moins correct, et professant moins de respect pour nos maîtres du seizième siècle, tout en conservant en partie les traditions de leur école. Il devait sa nouvelle position à

Fouquet, alors encore puissant, quoique bien près de sa chute. C'était Levau qui avait construit pour le surintendant le splendide château de Vaux-le-Vicomte. Fouquet, dès 1653, lui avait ouvert les portes de la direction des bâtiments royaux, et il mettait le comble à sa fortune en le faisant hériter de Lemercier. Nous signalons cette origine de la faveur de Levau, parce que bientôt, en devenant une des causes de sa disgrâce, elle provoquera un immense changement, une vraie révolution dans l'avenir du Louvre.

A peine entré en charge, Levau était à l'œuvre sur plusieurs points à la fois. Du côté des Tuileries, il fondait et construisait à neuf le pavillon Marsan et le corps de logis contigu ; puis il restaurait et remaniait de fond en comble le reste de l'édifice, raccordant à sa manière et d'une façon un peu brutale tous ces styles différents, supprimant à Bullant son charmant étage supérieur, donnant au pavillon central de Delorme cette ampleur sous laquelle allait disparaître sa fine et gracieuse coupole, ampleur si regrettable, mais commandée en quelque sorte par le gigantesque voisinage du pavillon de Flore ; du côté de la rivière, il entreprenait le ravalement de la partie de la grande galerie élevée par Ducerceau, et faisait sculpter dans les frontons d'Henri IV le soleil de Louis XIV ; dans la cour du Louvre enfin il continuait cette aile septentrionale que Lemercier avait fait avancer à si petits pas depuis dix-sept ans, et en même temps il commençait la prolongation de l'aile méridionale, travail tout nouveau, qui exigeait qu'on fît d'abord disparaître la vieille tour ronde qui flanquait l'angle sud-est de l'ancien Louvre (1), et dont le toit pointu et les flancs crevassés, en s'accolant à la façade de Lescot, parallèle à la rivière, produisaient cet étrange contraste qu'expriment si finement plusieurs eaux-fortes d'Israël Sylvestre, antérieures à 1660. Outre cette tour de Charles V, il fallait, pour procéder à la continuation de l'aile méridionale, abattre aussi la cour des Marbres de Charles IX, bâtie à peu près au pied de cette tour, puis raser tous les vieux bâtiments

(1) Voir le plan, lignes ponctuées, n. 2.

d'une ancienne basse-cour qui s'étendait du côté de l'est depuis le fossé extérieur du Louvre jusqu'au palais du Petit-Bourbon.

Démolitions, restaurations, constructions, tout cela était mené de front par Levau, aidé de son gendre François Dorbay, avec un entrain et une rapidité qui devait plaire au jeune roi. Louis commençait alors son véritable règne. Sept ou huit mois après cette reprise des travaux du Louvre, Mazarin était mort, et le roi, devenu son premier ministre à lui-même, s'adonnait avec la même ardeur et aux affaires de son royaume et à ce goût des constructions monumentales qui devait l'entraîner si loin. Il ne songeait encore qu'à son Louvre, sans se douter qu'il y aurait un Versailles. Un autre eût été troublé par l'incendie qui, au début de toutes ces entreprises, au commencement de 1661, vint dévorer la petite galerie de Henri IV et les précieuses peintures de Bunel, de Dubreul, de Porbus, dont elle était décorée! Il n'en fut que plus animé, et ordonna de réparer immédiatement le désastre, sans se ralentir sur aucun autre point. C'était pour lui une construction de plus à gouverner, et pour Lebrun, qui, lui aussi, était alors au début de sa royauté, une occasion de faire briller la souplesse et la variété de ses talents.

Mais parmi tous ces travaux simultanément entrepris, il n'en était pas que Levau conduisît avec autant d'amour que ceux de l'aile méridionale du Louvre. Chargé vers cette même époque, par suite du legs du cardinal, d'élever, sur l'emplacement de la tour de Nesle et de ses abords, le collége des Quatre-Nations, il avait aussitôt conçu l'idée de mettre les deux édifices en communication pour ainsi dire, malgré la Seine qui coulait entre deux, en leur donnant le même axe. Le pont des Arts est venu de nos jours rendre cette communication plus réelle, mais il n'a pu rétablir l'harmonie à jamais détruite de la combinaison première, il n'a pu atténuer l'effet de cette immense façade du Louvre qui, à la fois plus rapprochée de la rivière et beaucoup plus élevée que ne l'avait voulu Levau, écrase de sa masse ce pauvre collége Mazarin, et lui laisse en apparence encore moins d'élévation qu'il n'en a. Nous verrons tout à l'heure comment et pourquoi la façade de Levau dut, à peine achevée, être à jamais masquée par celle qui existe aujourd'hui ; nous n'en sommes pour le moment qu'à sa construction. Levau, pour prolonger cette aile méridionale, s'était assujetti, comme Lemercier pour les prolongations de l'ouest et du nord, à reproduire l'architecture de Lescot partout où l'imitation littérale était possible. Quant au pavillon central, dont le modèle n'existait pas chez Lescot, il avait, du côté de la cour, accepté l'ajustement de Lemercier, en changeant seulement quelque chose à ses cariatides, mais, du côté de la rivière, la place lui semblait trop ouverte et trop grandiose pour qu'il pût s'en tenir à l'extrême simplicité de la face extérieure du pavillon de l'Horloge ; il avait donc innové, et avait appliqué contre son pavillon central six grandes colonnes corinthiennes égales en hauteur aux deux premiers étages de l'édifice, et portant un entablement d'où s'élevaient, au milieu de riches bas-reliefs, six grandes statues sur de hauts stylobates. C'était la première fois qu'un ordre colossal apparaissait dans le Louvre de Lescot. Essai timide, il est vrai, invasion moins brutale qu'aux Tuileries, mais dangereux exemple. La barrière était forcée. Moins sage et moins ferme que Lemercier, Levau quittait le terrain de la résistance ; il croyait ne pas céder grand'chose à la fausse grandeur : six colonnes sur cette façade, quelques pilastres sur les pavillons du collége Mazarin, quelques colonnes aussi à Vaux-le-Vicomte ; mais ces demi-partis ne contentaient personne, et il ouvrait la porte à plus hardi que lui, comme il allait bientôt l'apprendre à ses dépens.

Toutefois, malgré l'introduction de ces colonnes parasites, comme la façade de Levau n'était dans les sept huitièmes de sa longueur qu'une reproduction des idées mâles et nerveuses de Lescot, elle doit exciter tous nos regrets. Par sa hauteur modérée elle se mettait en juste rapport avec les monuments de l'autre rive de la Seine, aussi bien qu'avec la galerie d'Apollon et toutes les lignes environnantes ; enfin les combles apparents dont elle était couronnée, entrecoupés par ces trois grands pavillons, donnaient à sa silhouette autant de mouvement qu'il y a de sécheresse et de roideur, dans les lignes droites et uniformes de cette grande décoration de théâtre qui la remplace aujourd'hui.

Telle fut l'activité des travaux, que, dès la fin de 1663, la grosse construction de cette aile méridionale était à peu près terminée, et la sculpture très-avancée, bien que l'exécution en fût, dit-on, irréprochable et le dessin d'un goût et d'une richesse qui faisait grand honneur à Levau. Le moment était donc venu d'attaquer la seule partie du palais à laquelle personne n'avait encore mis la main, l'aile de l'est. Levau, qui ne s'endormait pas, avait depuis quelque temps fait approuver au roi ses idées à ce sujet. Tout en conservant à peu près le même caractère que du côté de la rivière, il donnait à sa nouvelle façade un peu plus de richesse, attendu qu'il avait l'intention, comme autrefois Lescot, d'établir de ce côté l'entrée principale du Louvre. Mais, pour que cette entrée eût quelque majesté, ce n'était pas assez d'enrichir la façade, il fallait pouvoir ouvrir aux abords du monument une large et belle place. Or le terrain ne s'y prêtait guère, obstrué qu'il était de bâtiments d'habitation. Quelques-uns étaient d'un grand prix. C'était d'abord cet hôtel du Petit-Bourbon, immense demeure féodale, palais crénelé construit sous Charles V par son beau-frère le duc de Bourbon. Un arrêt de justice en avait commencé la ruine il y avait plus d'un siècle, après la trahison du connétable. La grande tour était à demi rasée en signe de félonie, et la porte principale barbouillée de cette couleur jaune dont le bourreau brossait les maisons des criminels de lèse-majesté. Confisqué depuis 1527, le Petit-Bourbon pouvait être démoli sans qu'il en coûtât rien à la couronne; mais le public allait y perdre cette vaste galerie ou salle des gardes qui n'avait, dit-on, sa rivale qu'au château de Montargis, et dans laquelle on avait, fort à l'aise, trouvé moyen de construire un assez grand théâtre où se donnaient parfois des bals et des spectacles. Tout récemment le roi venait de prêter ce théâtre à la troupe de Molière. Au delà du Petit-Bourbon, pour déblayer l'accès du Louvre, il fallait acquérir à prix d'argent, comme on vient de le faire au Carrousel, d'abord le petit hôtel de M. de Choisy, puis le grand et bel hôtel du duc de Longueville, ci-devant hôtel d'Alençon, puis enfin les hôtels de Villequier, d'Aumont, de la Force et de Créquy. Le roi donna des ordres pour que tout fût acquis, et par là le terrain devint libre depuis le Louvre jusqu'à la rue des Poulies. On se réservait par la suite, pour donner à la place de plus nobles proportions, d'entamer le massif de maisons au delà de la rue.

Déjà on avait fait brèche au Petit-Bourbon pour bâtir le pavillon d'angle de la façade du sud; la démolition continua, et bientôt il ne resta plus du grand manoir féodal que d'informes débris. Quant aux hôtels, ils restèrent provisoirement debout; on abattit seulement les parties les plus voisines de la façade qu'il s'agissait de construire. Levau, pendant ce temps, s'était mis en mesure de commencer sa campagne, pressant les démolisseurs, évitant le moindre retard, comme s'il eût eu le pressentiment de ce qui allait lui arriver. Déjà il avait ouvert ses tranchées et arrasé ses fondations, quelques parties de son bâtiment étaient même élevées à huit ou dix pieds hors de terre, lorsqu'au mois de mai 1664 on l'invita à tout suspendre.

Qu'était-il arrivé? M. de Ratabon n'était plus surintendant des bâtiments; Colbert avait acheté sa charge et venait d'entrer en fonctions.

Colbert, depuis la mort de Mazarin, n'avait d'abord songé à se rendre nécessaire qu'en matière de finances et d'administration; mais il sentit bientôt que, dans l'intérêt même de ses grands desseins, il lui importait de diriger aussi les goûts et les plaisirs du roi. Celui-ci jusque-là s'était contenté de bâtir à la manière de son aïeul Henri IV, aimant à faire vite et beaucoup. L'activité infatigable et la grande pratique de Levau lui avaient parfaitement suffi; mais, en architecture comme dans tout le reste, l'horizon commençait de lui sembler étroit. A cette vraie grandeur que Richelieu et Mazarin avaient donnée à la France, que lui-même dans son noble esprit avait d'abord si bien comprise, allait succéder peu à peu la grandeur d'apparat. Colbert devait plus tard essayer vainement d'en arrêter les dispendieuses conséquences; à l'époque où nous sommes, il ne cherchait encore qu'à en favoriser le goût naissant.

Sans attacher trop d'importance au malheur qu'avait Levau d'avoir été l'architecte et l'obligé de Fouquet, nous ne pouvons nous dissimuler pourtant que ce n'était pas un titre au bon vouloir du nouveau surintendant. Plus on fouille les secrets détails de ce moment du règne de Louis XIV, où le monde des arts, aussi bien que des lettres, se divise en deux camps, où le vieil esprit français, l'esprit *trouvère*, qu'on nous passe ce mot, se voit brusquement détrôné au profit du nouvel esprit de cour, plus on retrouve à chaque pas, comme une des causes accidentelles de ces déchirements et de ces divisions, la catastrophe de Fouquet. Quoi qu'il en soit, Colbert, à peine entré dans sa charge nouvelle, ne tarda pas à inspirer au roi de grands doutes sur le mérite du projet de Levau. C'était là, disait-il, un parti trop mesquin pour un si grand morceau que l'entrée du palais d'un grand roi. L'auteur était sans doute un habile homme, mais ce qu'il proposait sentait son ancien goût. Il fallait consulter, faire examiner ce projet par tous les architectes de Paris, puis les inviter eux-mêmes à faire aussi des projets, en promettant de faire exécuter celui que le roi trouverait à son gré. — Devant un tel tribunal, Levau était condamné d'avance; Colbert ne pouvait l'ignorer. Quant au roi, il ne résista pas longtemps; encouragé dans son penchant, il autorisa et la consultation et le *concours* que lui demandait Colbert.

Nous voici parvenus à ce qu'on peut appeler la seconde série des travaux de Louis XIV au Louvre, travaux empreints du nouvel esprit du règne. Cette même pompe un peu conventionnelle, dont nos poëtes même les plus exquis vont commencer à n'être pas exempts, l'art de bâtir devait s'y conformer aussi bien que tous les autres arts. Deux traits caractéristiques signaleront cette nouvelle période : d'une part, le triomphe éclatant, incontesté, de l'*ordre colossal*; de l'autre, la déroute complète de notre ancienne et sincère façon de couvrir nos monuments. Les combles en saillie, ces grand toits, aussi vieux que la France et son climat, vont être condamnés comme une excroissance inutile et sans majesté ; réputés bourgeois, presque frondeurs, ils seront, Dieu sait jusqu'à quand, bannis de nos constructions monumentales, et nos professeurs d'architecture, voire les plus sages et les plus modérés, ne tarderont pas à proclamer cet axiome : que, dans la décoration d'un palais, *les combles apparents sont contraires à la bienséance* (1). Chose étrange, cette révolution tout italienne, que Serlio et sa colonie avaient en vain prêchée à Fontainebleau, que notre école tout entière, malgré ses dissidences, avait pendant plus d'un siècle constamment repoussée, la voilà qui va s'accomplir, et par qui ? par un médecin de la faculté de Paris !

Au nombre des projets qui furent présentés à Colbert, et qu'il fit exposer en public vers l'automne de cette même année, il y en eut un qui attira vivement l'attention. Il n'était pas signé, et personne n'en soupçonnait l'auteur. C'était un dessin très-fini, très-rendu, représentant une longue série de colonnes corinthiennes, accouplées deux à deux, et posées sur un immense soubassement. Au-dessus de l'entablement porté sur ces colonnes régnait, en guise de toit, un simple cordon de balustres à jour dont la ligne horizontale se dessinait sur le ciel. Que voulait dire ce splendide péristyle ? était-ce un jeu d'esprit pour faire valoir la main d'un dessinateur habile, un de ces plans idéalement conçus, sans condition de mœurs ni de climat, qui vous transportent en rêve devant les ruines de Balbeck et de Palmyre ? Cet édifice sans fenêtres, car ni le soubassement, ni le fond du péristyle n'étaient percés de la moindre ouverture, pouvait-il servir de frontispice à un palais habité, et surtout à ce palais du Louvre dont il ne rappelait aucun des caractères, dont il contrariait toutes les proportions ? C'était pourtant là le projet qui, après bien des vicissitudes, comme nous allons le voir, devait, dans cette lutte, sortir victorieux. A la cour, comme à la ville, on se perdait en conjectures sur l'auteur de cette brillante fantaisie. Colbert seul savait son nom, on le lui avait dit à l'oreille.

(1) Blondel, *Architecture françoise*, t. IV, p. 67.

Ce grand ministre avait le bon esprit de se sentir novice dans les questions qu'il n'avait point apprises ; peu artiste de sa nature, comprenant mieux l'utile que le beau, plus apte à diriger l'achèvement du canal de Languedoc que la décoration du Louvre, il avait, dès son entrée à la surintendance, attaché à sa personne une espèce de petit conseil secret composé de gens de lettres et d'amateurs des arts dont il se réservait de prendre les avis. L'âme de ce comité était Charles Perrault, esprit actif, un peu léger, plein de finesse et de savoir-faire, qui, par ses seuls écrits semés de paradoxes et d'éclairs de bon sens, aurait eu chance de voir vivre son nom, même sans les épigrammes de Boileau. Perrault avait deux frères beaucoup plus âgés que lui : l'un, qui lui avait servi de père, et chez lequel il avait été commis pendant dix ans, était receveur général des finances à Paris ; l'autre, docteur en médecine, versé dans toutes les sciences exactes, habile surtout en physique, et dessinant en perfection la mécanique et l'architecture. Charles nous dit, dans ses Mémoires, que la première pensée du péristyle était de lui, qu'il l'avait communiquée à son frère, lequel, après l'avoir fort embellie, en avait fait ce dessin dont personne ne devinait l'auteur. Ce qui peut donner crédit à cette confidence un peu présomptueuse, c'est la façon dont Charles Perrault devait travailler au succès de l'œuvre fraternelle : à ces efforts persévérants, infatigables, on reconnaît le cœur d'un père. Assurément il n'est pas douteux que c'est Claude qui a bâti la colonnade du Louvre, mais il est au moins aussi vrai que c'est Charles qui l'a fait bâtir.

Il nous apprend qu'avant l'exposition publique il avait eu soin de montrer le dessin à Colbert, que celui-ci en fut content, charmé surtout des éloges qu'on en fit. Mais comme à ces éloges s'étaient mêlées quelques critiques judicieuses, comme les architectes, qui tous avaient blâmé le projet de Levau, n'étaient guère moins sévères pour le projet anonyme, Colbert était embarrassé. Il eut l'idée de demander à Rome les lumières qu'il ne trouvait point à Paris. Charles Perrault, comme premier commis de la surintendance, reçut l'ordre d'expédier les projets de tous les concurrents, et de demander l'avis des architectes romains. L'envoi fut fait ; seulement, par une habile négligence, Perrault oublia d'y comprendre un dessin, c'était celui de son frère. Les architectes romains firent une critique foudroyante du projet de Levau, mais ne donnèrent pas une idée. Pendant ce temps, on allait répétant aux oreilles du roi que ce n'étaient pas des avis, mais un homme qu'il fallait demander à l'Italie ; qu'on trouverait à Rome le successeur de Michel-Ange, le prodigieux génie qui avait élevé les colonnades de Saint-Pierre, la place Navone, et tant d'autres merveilles, *il cavaliere Bernini,* ou, comme on disait alors en France, le cavalier Bernin ; que lui seul était l'homme qu'il fallait au roi ; que, s'il consentait à quitter son pays, le Louvre deviendrait le premier palais de l'Europe. M. de Bellefonds, l'abbé Benedetti, le cardinal Barberini, citaient à qui mieux mieux les miracles dont ils avaient été témoins, les traits de génie de l'incomparable artiste. Ces propos passaient de bouche en bouche, une sorte de cri public appelait le Bernin. Perrault jugea prudent de laisser passer l'orage, d'autant plus que Colbert trouvait commode d'y céder.

On entama une négociation en règle près de la cour de Rome, car c'était une grave affaire que de décider le pape à se séparer de l'artiste, et surtout l'artiste à quitter son soleil et son pays ; il était dans sa soixante-huitième année, et craignait pour sa santé. Vingt ans plus tôt, en 1644, il s'était déjà refusé aux offres les plus brillantes et aux instances de Mazarin. Cette fois il voulut bien envoyer des croquis ; mais, quant à sa personne, il persista dans son refus. On pensa qu'une lettre de la main du roi lui-même pourrait seule triompher de sa résistance. La lettre fut écrite le 11 avril 1665, et portée par l'abbé Benedetti. Le roi chargea, en même temps, le duc de Créquy, son ambassadeur à Rome, d'aller en sortant de chez le saint-père, et avec le même cérémonial, chez le cavalier Bernin le prier de venir en France.

Le Bernin quitta Rome ; les honneurs qu'il reçut en partant, et dans les villes d'Italie qu'il traversa, dépassent toute croyance ; puis, quand il fut en France, à partir du pont Beauvoisin, chaque ville où il mit les pieds lui offrit des compliments et des présents; à Lyon même, où ce devoir n'était dû qu'aux princes du sang, on s'en acquitta pour lui. Des gens du roi lui apprêtaient à manger sur sa route, et quand il approcha de Paris, un maître d'hôtel de Sa Majesté, M. de Chantelou, qui avait visité l'Italie et parlait bien l'italien, fut envoyé jusqu'à Juvisy pour le recevoir, lui tenir compagnie et le suivre partout où il irait.

On le logea dans l'hôtel de Frontenac, qu'on avait fait meubler pour lui. Outre les meubles de la couronne, on lui donna une table bien servie et des gens à ses ordres. Peu de jours après son arrivée, le 5 juillet 1665, il salua le roi à Saint-Germain en Laye et en fut admirablement reçu. Admis à présenter ses dessins, il obtint qu'il en serait fait mystère : les dessins furent tendus dans un cabinet où personne ne devait entrer que lui, Colbert et M. de Chantelou.

Quinze jours se passèrent sans que Charles Perrault, impatient, comme on pense, de connaître ces dessins, pût venir à bout de les voir. Enfin, c'est lui qui le raconte, grâce à un sieur Fossier qui avait ordre de fournir au Bernin ce qui lui serait nécessaire pour dessiner, il parvint à s'introduire dans le mystérieux cabinet. « M. Colbert, dit-il, me demanda si j'avais vu les dessins, et je lui « répondis que non. (Je puis assurer que c'est la seule fois que je « n'ai pas dit la vérité à ce ministre.) C'est, me dit-il, quelque « chose de grand. — Il y a, sans doute, des colonnes isolées, lui « répondis-je ? — Non, reprit-il, elles sont au tiers du mur. — La « porte est fort grande, lui dis-je ? — Non, répliqua-t-il, elle n'est « pas plus grande que la porte de la cour des cuisines. Je lui dis « encore quelque autre chose de semblable qui allait à lui faire re- « marquer que le cavalier Bernin était tombé dans les mêmes dé- « fauts que l'on reprochait aux dessins de M. Levau et de la plupart « des autres architectes, et ce fut à cette intention que je feignis de « ne point connaître les dessins du cavalier; ces critiques devant « avoir plus de force, ne les ayant pas vus, que si je les eusse faites « après les avoir examinés, outre que je n'aurais peut-être pas osé « en dire alors mon avis avec autant de liberté. »

On peut juger, par cet échantillon, quelles embuscades se dressaient, et de quelles armes on allait faire usage. Les Perrault ne conspiraient pas seuls ; Levau, son gendre et ses nombreux amis, travaillaient de leur côté contre l'ennemi commun ; puis, avec eux, une foule d'artistes n'aspirant pas à l'héritage, mais furieux de cet excès d'honneurs rendus à un étranger ; puis enfin le plus acharné peut-être, Lebrun, dont les projets de domination suprême allaient s'évanouir si un tel homme s'établissait en France. Il fallait, à tout prix, le débusquer de la cour, le ruiner dans l'esprit du monarque. Seul contre tous, que pouvait le cavalier ? Le sol était miné sous ses pas. Ce petit homme, un peu trapu, de bonne mine, à l'air hardi, à l'esprit vif et brillant, s'était d'abord mis fort à l'aise ; beau parleur, et, comme dit Perrault, « tout plein de sentences, de paraboles, « d'historiettes, de bons mots dont il assaisonnait ses réponses, » sa pantomime italienne, son enthousiasme en parlant des beaux-arts, de Michel-Ange et de lui-même, faisaient ouvrir de grands yeux à nos hommes de cour, et donnaient à ses adversaires beau jeu pour le rendre ridicule et l'affubler du nom de charlatan. Quand il s'aperçut du danger, il essaya de changer d'allures, prit garde à ses paroles, et s'observa surtout chaque fois qu'on lui faisait voir des ouvrages de nos artistes vivants ; ceux-ci n'en furent que plus irrités. Lebrun disait avec aigreur : « Il n'est silencieux que devant « mes tableaux. » Ne sachant plus comment s'y prendre, le pauvre cavalier se réfugia dans le travail. Mais là ses tribulations redoublèrent. Il avait fait venir de Rome des ouvriers maçons, des *muratori*, s'imaginant, comme autrefois Benvenuto Cellini, qu'il venait chez des gens qui ne savaient pas même faire du mortier. Ces *muratori* devaient donner des leçons à nos entrepreneurs, et leur apprendre à bâtir comme à Rome. Ceux-ci ne voulurent point, prétendant que s'ils écoutaient ces étrangers, s'ils établissaient leurs fondations sur du moellon jeté à l'aventure, non équarri et mouillé avant d'être mis en œuvre, leurs murailles ne tiendraient pas debout. La querelle s'anima, il fallut que Colbert intervînt et ordonnât de faire un essai des deux sortes de constructions. Les *muratori* bâtirent, à leur manière, deux murs de six pieds de haut, sur lesquels ils firent une voûte également à leur façon; nos maçons élevèrent des murs de même hauteur, une voûte de même forme, avec les mêmes matériaux, mais employés à la française; puis on chargea fortement les deux voûtes, et l'italienne s'écroula. Les *muratori*, stupéfaits, s'excusèrent en prétextant qu'ils ne connaissaient pas la qualité des matériaux; mais on pense quel éclat de rire ce fut du côté des Français.

Colbert ne riait point : ces débuts lui semblaient de triste augure. Il avait les oreilles rebattues d'avis officieux; c'était à qui l'avertirait qu'il prît garde à ce faux grand homme. Le roi, de son côté, perdait un peu confiance, et commençait à le laisser voir. Charles Perrault crut le moment venu de démasquer ses batteries. Il écrivit un mémoire sur le projet de Bernin, et le fit passer à Colbert, qui était alors à Saint-Germain auprès du roi. Dans ce mémoire, il ne se bornait pas à relever tous les défauts d'architecture qu'il avait pu découvrir, il signalait surtout, connaissant l'esprit de son lecteur, le manque de convenance dans les distributions intérieures, l'oubli de tous les dégagements nécessaires au service du roi, minuties, disait-il, qu'un si grand architecte a sans doute trouvées trop au-dessous de lui. La première fois qu'il revit le ministre après l'envoi de son mémoire, il l'aborda d'un air inquiet et le pria de lui dire s'il y avait de l'imprudence dans la liberté qu'il avait prise. « Vous avez bien fait, dit Colbert, continuez; on ne peut trop s'éclaircir sur une matière de cette importance. Je ne comprends pas comment cet homme l'entend, de nous donner un dessin où il y a tant de choses mal conçues. » Dès ce moment, ajoute Perrault, M. Colbert vit bien qu'il s'était mal adressé; mais il fallait soutenir la gageure.

En effet, après avoir fait venir, avec tant de bruit et d'éclat, un homme de cette renommée, pouvait-on le renvoyer avant qu'il eût rien fait? Le jour fut pris pour poser la première pierre. Le nouveau plan n'ayant aucun rapport avec celui de Levau, il avait fallu détruire les fondations faites l'année précédente et creuser de nouvelles tranchées. Le roi y descendit en grande cérémonie le 17 octobre 1665, prit la truelle des mains de Colbert, auquel le Bernin venait de la présenter, et cimenta le premier fondement de cette construction, qui, comme la précédente, ne devait pas dépasser le sol.

On commença pourtant à travailler avec ardeur. Au bout d'un mois, les fondations inférieures étaient jetées sur toute la ligne, mais l'artiste était à bout de patience. Harcelé par Colbert, qui, sur les instigations de Perrault, lui demandait tantôt d'agrandir telle salle des appartements du roi, tantôt d'ajouter des logements nouveaux ou de changer les distributions convenues; poursuivi jusque dans son propre atelier par ce même Perrault, qui profitait de son titre de premier commis de l'intendance pour s'en venir en personne contrôler ce que faisaient ses dessinateurs, il ne put contenir sa colère et déclara à M. de Chantelou « qu'il en avait assez; qu'on le traitait en petit garçon; que ces gens-là faisaient les habiles et n'y entendaient rien ; qu'il voulait s'en aller. » Sur les prières de M. de Chantelou, il se calma d'abord; mais, vers la fin de novembre, les premiers froids s'étant fait sentir, il en fut effrayé au moins autant que des intrigues qui se tramaient contre lui, et demanda hautement qu'on le laissât partir. Colbert exprima des regrets et fit quelques instances; mais en même temps, comme s'il eût craint un changement de résolution, il courut à Saint-Germain et obtint l'agrément du roi. Louis XIV voulut faire à son hôte des adieux magnifiques. Il lui envoya, la veille de son départ, trois mille louis d'or avec un brevet de 12,000 livres de pension par an, et un autre brevet de 1,200 livres pour son fils. Ce fut Charles Perrault qui se trouva chargé de porter lui-même, *en trois sacs*, ces trois mille louis d'or, presque aussi satisfait que s'il les avait reçus.

Le Bernin s'en retournait à Rome, charmé d'être si bien sorti d'un aussi mauvais pas, et avec la promesse du roi que son projet ne serait pas abandonné. Son élève favori, Matteo Rossi (qu'on nommait chez nous Mathias), restait à Paris, chargé de continuer les travaux. Ce n'était pas le compte de Perrault. Colbert, de son côté, n'eût pas été fâché de n'avoir plus affaire à ces imaginations italiennes, qui fatiguaient son esprit méthodique. Mais la promesse du roi ne permettait pas de renvoyer Matteo. Pour lever tous les scrupules, Perrault fit un nouveau mémoire, qu'il qualifie lui-même de fort pressant et fort décisif. Il priait le ministre de vouloir bien considérer que la promesse du roi n'était que conditionnelle; qu'on avait toujours dit au cavalier Bernin qu'il devait respecter l'ancien Louvre, l'achever, mais n'en rien détruire; que le roi lui avait lui-même fait connaître sa volonté de ne point abattre ce qu'avaient élevé les rois ses prédécesseurs; que, dans ses premiers croquis, le cavalier semblait s'être soumis à la volonté du roi, mais que ses projets définitifs, complétés pendant son séjour à Paris, ne laissaient rien subsister du vieux Louvre, puisque, pour suivre ces plans, il fallait, d'une part, raser les dômes du milieu des façades; de l'autre, bâtir en avant des quatre côtés de la cour de gigantesques portiques; que, masquer ainsi les façades de Henri II et de Louis XIII, en ôter les colonnes, les corniches et tous les ornements, les convertir en murs de refend, c'était en réalité les abattre, aussi bien qu'on ruine un tableau en appliquant sur sa toile une peinture nouvelle; que dès lors, le cavalier n'ayant point obéi au roi, le roi n'était point engagé.

L'argument parut décisif. L'hiver avait fait suspendre l'achèvement des fondations; on attendit quelque temps; puis, quand le printemps fut venu, Matteo, dont Perrault, on ne sait trop comment, avait gagné les bonnes grâces, ne demanda pas mieux que de partir pour l'Italie, bien payé, et laissant là le projet de son maître désormais abandonné.

Perrault avait mis le doigt sur le défaut de la cuirasse; le plan qu'il combattait détruisait l'ancien Louvre, mais ce n'était pas à lui d'affecter ce grand zèle pour la conservation de notre vieux chef-d'œuvre, puisque le projet de son frère, avec moins de franchise, avait, peu s'en faut, les mêmes conséquences que le plan du Bernin. Que celui-ci fît peu de cas des façades de Lescot, qu'il n'en sentit ni le charme ni la délicatesse, il n'y a rien là qui nous étonne. Il n'avait, depuis son enfance, vécu qu'en Michel-Ange ; habitué à ne comprendre la beauté que sous ses formes énergiques, et croyant, à plus forte raison, la majesté inséparable de la grandeur matérielle, pouvait-il ne pas appliquer ses principes aux façades de son Louvre, à celle de l'est, à celle du bord de l'eau, et surtout à celle qui regardait les Tuileries, la plus riche de toutes dans son plan? Dès lors c'eût été une inconséquence que de conserver, dans l'intérieur de cette cour, ces petits ordres superposés qui lui semblaient des joujoux d'enfants : en les masquant par un ordre colossal, il n'avait fait qu'obéir, en esprit vigoureux qui va jusqu'au bout de son système, à un sentiment d'harmonie, à une juste horreur des disparates et des incohérences.

Dieu merci, on ne l'a pas laissé faire! mais on n'a pas compris non plus quel danger c'était pour le Louvre, que de faire les frais d'apprentissage d'un architecte amateur, d'un savant monté à l'art par les mathématiques, déplorable chemin, qui tantôt conduit à la sécheresse, tantôt au luxe abstrait, c'est-à-dire sans raison. En lui livrant cette entrée du palais pour la couvrir de colonnes non moins grandes que celles du fougueux Italien, ne devait-on pas prévoir qu'on préparait, entre le dedans et le dehors, non-seulement une discordance de style, mais une disproportion matérielle? Que ces façades intérieures, pour lesquelles on professait de si beaux sentiments, seraient bientôt condamnées, par la surélévation de l'extérieur, à subir des additions presque aussi déshonorantes que le placage dont par bonheur on venait de les préserver? Plût à Dieu qu'on se fût lancé de nouveau dans les consultations, dans les concours; qu'on eût interrogé, écouté, gagné du temps! Ne pouvait-on rien attendre de nos artistes de profession? Si Levau, après tous ses déboires, était découragé; s'il lui manquait, pour une telle tâche, un peu de style et de distinction, n'y avait-il donc personne en état de mieux faire? Le projet de Jean Marot, à peine examiné dans le concours, ne reposait-il pas sur une donnée intelligente? Conçue dans l'esprit de Lescot, sa façade, après quelques corrections de détail, ne

pouvait-elle pas devenir un excellent frontispice du Louvre ?
n'avait-on rien à espérer non plus et du vieux François Mansard,
qui vivait encore, et de François Blondel, qui venait de débuter ?
Et si un homme supérieur à ceux-là, selon nous, un esprit expressif et pur, égaré comme le Sueur dans cette bruyante époque, si
Libéral Bruant eût été provoqué à concourir, s'il eût vaincu cette
timidité qui le tenait à l'écart, l'inspiration ne lui fût-elle pas venue,
à lui qui, dans l'unique occasion qui lui ait été donnée de conduire
seul un grand monument, a fait le vrai chef-d'œuvre de son temps,
la grande cour des Invalides, ce cloître militaire, dont la destination est si admirablement écrite sur ces mâles arcades, sur ces
sobres profils ? Mais tous ces hommes, Bruant surtout, étaient des
représentants du vieil esprit français, et il était écrit que l'avenir
ne leur appartenait plus. Ce qui garantissait à Perrault son triomphe, indépendamment de tous les coups d'épaule que lui donnait
son frère, c'était la magnificence, le séduisant éclat, l'emphase de
son projet. Le roi y trouvait en partie cette splendeur dispen-
dieuse qui l'avait charmé dans les projets du Bernin ; il avait hâte
de prouver au monde que, s'il avait renvoyé l'architecte et renoncé
à ses projets, ce n'était point par peur de la dépense. Aussi, lorsque
Colbert, quelque temps après le départ de Matteo, s'en vint à Saint-
Germain demander d'après quel plan on reprendrait les fondations,
s'il fallait suivre le dessin de Perrault, ou bien en revenir au
projet d'abord approuvé, au projet de Levau, le roi n'hésita pas,
tout en faisant semblant d'interroger son ministre. Les deux dessins étaient devant ses yeux : « Lequel préférez-vous ? » dit-il. —
Colbert, soit calcul d'habile courtisan, qui voulait laisser l'honneur du choix à son maître, soit retour sincère à ses penchants
financiers, répondit : « Si j'en avais le pouvoir, je choisirais celui
qui n'a pas de galerie, parce qu'il sera moins coûteux. — Et moi,
reprit le roi, je choisis l'autre, parce qu'il est plus majestueux. »

Malgré cette déclaration solennelle, rien n'était décidé ; et six
mois se passèrent sans que Colbert osât prendre sur lui de confier
un tel travail à un homme qui n'avait encore rien construit. Ce qui

le troublait surtout, c'était d'entendre les gens du métier soutenir tous que ce péristyle ne pourrait tenir debout, qu'il avait trop de profondeur ; que les plates-bandes d'un si large plafond, surchargées par le poids des caissons qu'elles devaient soutenir, auraient bientôt poussé les colonnes au vide et jeté tout à bas. L'objection était sérieuse, sans compter que les mauvais plaisants se mêlaient de la partie, et disaient que l'architecture était sans doute bien malade, puisqu'on allait lui donner un médecin. Charles Perrault sentit que, pour ne pas tout perdre, il fallait transiger. Il fit un troisième mémoire, où il offrait un moyen de décharger le ministre de toute responsabilité : c'était de mettre son frère en tutelle sous la direction d'un conseil qui reviserait les plans, conduirait la construction, et sans l'avis duquel rien ne pourrait être fait. Le comble de l'habileté fut de demander, « par amour de la paix, » que Levau fît partie de ce conseil. Dès lors, disait Perrault, tout rentrera dans l'ordre naturel ; l'auteur du plan se tiendra dans l'ombre, et ce sera, comme il est juste, le premier architecte du roi qui sera effectivement chargé de construire le palais du souverain. Il demandait seulement que Lebrun fût membre du comité comme Levau, que Colbert voulût bien en prendre la présidence, et lui permît à lui de tenir la plume en qualité de secrétaire.

L'expédient fut adopté, et de ce jour les obstacles disparurent. Les travaux, interrompus depuis le printemps de 1666, recommencèrent à la fin de l'année. On ne fit d'abord que détruire les fondations du Bernin, comme le Bernin avait détruit les fondations de Levau ; mais cette fois on allait bâtir pour tout de bon. Dès l'ouverture de la campagne, en 1667, la construction fut vivement poussée, et au bout de trois ans, en 1670, la façade était élevée, mais non sculptée. Les grosses constructions n'avaient même pas reçu leur complément ; car ce n'est qu'en 1674 que fut terminé le fronton central. Ce retard provenait de l'idée que Perrault s'était mise en tête de n'employer qu'une seule pierre pour chacune des corniches rampantes de ce fronton. Tour de force inutile, qui plaisait à son esprit inventif. Il avait fait extraire, des carrières de Meudon, deux énormes pierres, longues de plus de cinquante pieds. Il prit des peines infinies pour les amener à pied-d'œuvre ; puis, quand on voulut les hisser, ce fut chose impossible. Une machine immense, imaginée exprès, fut construite à grands frais, et, au bout de deux ans, Perrault en vint à son honneur ; les pierres furent mises en place, mais presque aussitôt la gelée les fit fendre : il eût été plus simple de les monter en deux morceaux.

Cette faute n'était ni la seule ni la plus grave qu'on eût laissé commettre à Perrault. Il ne fallait souffrir à aucun prix qu'il corrigeât, par une armature en fer, le défaut de solidité inhérent à son projet. Les barres de fer, les tirans, les crampons, sont des moyens dont on peut faire usage dans un vieux bâtiment, pour relier tant bien que mal les parties qui se disjoignent ; mais introduire cet expédient dans une construction neuve, établir dès l'origine une solidarité nécessaire entre le fer et la pierre, ce n'est pas rendre un monument plus solide, c'est préparer sa ruine à coup sûr et dans un délai fatal. On a beau sceller le fer profondément, le peindre, le goudronner, la rouille y pénètre ; il s'oxyde, fait éclater la pierre, et se descelle peu à peu ; bientôt tout cède, tout s'ébranle. La colonnade en est déjà là. Il n'y a pas trois ans qu'une brèche s'est formée dans la corniche : un morceau s'en est détaché. Avec le temps, ces effets iront croissant, et Dieu sait si, dans un siècle, même à force d'art et d'argent, on pourra maintenir debout ce splendide placage.

Levau, dans le conseil, avait vivement attaqué les armatures en fer, et Lebrun, il faut lui rendre cette justice, s'était rangé à son avis. Mais comme les Perrault tenaient tête, comme le conseil était coupé en deux, force fut à Colbert de trancher à lui seul cette question technique. Pour lever ses inquiétudes, Perrault fit faire un petit modèle avec de petites pierres et de petits tirans de fer de même figure et en même nombre que dans l'ouvrage en grand. Devant cette façade en miniature, on démontra au ministre que le fer ne portait rien, et ne faisait que retenir la poussée des architraves. C'était déjà beaucoup trop. La démonstration n'en parut pas moins suffisante à Colbert, et les armatures furent ordonnées. S'il les eût interdites, il fallait renoncer au projet; mais alors qu'aurait dit le roi !

Cette question de solidité fut la seule qu'on agita sérieusement. Il y en avait pourtant bien d'autres tout aussi graves. Comprend-on, par exemple, qu'on n'ait pas dit à Perrault : Le Louvre a quatre cent soixante-seize pieds de long, la façade que vous nous proposez en a cinq cent quarante-huit ; voilà soixante-douze pieds de trop, soit trente-six pieds à chaque extrémité. Si nous vous laissons construire, qu'arrivera-t-il ? Votre façade fera saillie sur les ailes latérales, et vous serez conduit, pour cacher cet effet disgracieux, à construire latéralement de nouvelles façades à trente-six pieds en avant de celles qui existent. Or, vous avez dit au Bernin qu'il fallait respecter l'ancien Louvre ; profitez donc de la leçon, et remaniez votre projet. — Il n'est guère probable que Levau n'ait pas fait cette observation ; comment n'eût-il pas vu qu'il s'agissait d'ensevelir toute vivante sa façade méridionale, son œuvre favorite ? Du côté de l'Oratoire, où aucune rue n'était encore ouverte, où le public ne pénétrait point, on pouvait se résigner, comme l'événement l'a prouvé, à rompre la symétrie et à ne pas déguiser l'étrange et inexplicable saillie de la façade de Perrault ; mais du côté de la rivière, en vue de tout Paris, une telle anomalie ne pouvait être tolérée. Levau était donc certain que, s'il ne parvenait pas à faire raccourcir la façade de Perrault, c'en était fait de la sienne. Il dut, par conséquent, essayer de se défendre ; seulement il n'y réussit point, soit que Lebrun, cette fois, ne l'eût pas soutenu, soit que l'impatience du roi ou la lassitude de Colbert eussent coupé court au débat.

La sévérité, nous dirions presque les tracasseries du conseil et de Colbert ne portèrent que sur des points de détail. Ainsi, Perrault avait voulu ne pratiquer aucune ouverture dans son soubassement, et, son système décoratif admis, il avait certainement raison. Il se proposait seulement d'interrompre la monotonie de cette longue muraille par de grands trophées, sculptés en haut-relief au-dessous de chaque couple de colonnes. On exigea qu'il ouvrit des fenêtres, et, sous prétexte de mettre la nouvelle façade en rapport avec les parties du Louvre déjà construites, on voulut que ces fenêtres eussent les dimensions et le galbe de celles dont Lescot avait fait usage. C'était du respect mal placé; car ces ouvertures énervent le soubassement sans l'enrichir, et rien ne se marie plus mal que le style épanoui de la colonnade et les chambranles contenus de Lescot. Enfin Perrault avait aussi desscin, et pour cause, de ne point ouvrir de fenêtres sous son péristyle : on lui demanda d'en percer; mais, ces fenêtres ne correspondant pas avec celles de la façade sur la cour, il fallut les boucher presque aussitôt et les remplacer par des niches et des statues. Ce défaut de parallélisme n'eût pas été si sensible, si le corps de logis eût été double ; par malheur il ne l'était pas, et, dans ces grandes salles sans mur de refend, c'eût été le plus discordant spectacle que deux rangs de fenêtres dont pas une n'était vis-à-vis de l'autre. Bouchées pendant plus d'un siècle, ces fenêtres de la colonnade ont été percées de nouveau il y a cinquante ans, mais seulement à titre d'ouvertures postiches et n'éclairant rien. Perrault n'avait, comme on voit, oublié qu'une chose, c'est que, du côté de la cour, l'emplacement des fenêtres était invariablement fixé par la décoration de Lescot. Cet oubli prouverait, s'il en était besoin, que son projet était conçu et étudié non comme une œuvre sérieuse d'architecture, mais comme un dessin fait pour plaire aux yeux et pour briller dans un concours. De là tant de défauts, tant de lacunes que la pratique a révélés. Toutefois cette brillante conception, exprimée en pierres de taille, n'en conserve pas moins les qualités principales qu'elle avait sur le papier, elle éblouit, elle étonne, elle séduit les yeux; mais sa réputation, étourdissante au début, très-grande encore pendant plus d'un siècle, ne peut aller qu'en décroissant à mesure que la réflexion aura fait ressortir les vices de cette architecture d'apparat.

Pendant la construction, grâce à la combinaison inventée par Charles Perrault et à une certaine discrétion mystérieuse qu'il croyait politique de garder, grâce à la présence assez fréquente de

Levau dans les chantiers, le public et même quelques écrivains contemporains ne surent pas exactement quel était le véritable auteur de l'édifice, si bien que Boileau put croire et soutenir de bonne foi que son adversaire se parait des plumes du paon (1). Mais bientôt la vérité se fit jour, et Claude Perrault, alors âgé d'environ cinquante-sept ans, admis tout récemment comme physicien à l'Académie des sciences, prit avec plus d'éclat encore une des premières places parmi les artistes de son temps. Sans abandonner les sciences, il se donna dès lors presque tout entier à l'architecture. Colbert lui confia la construction de l'Observatoire, édifice savamment bâti, mais d'un aspect lourd et bizarre. Puis, après l'Observatoire, Perrault entreprit un monument à la gloire de Louis XIV, grand arc de triomphe qui devait orner l'entrée du faubourg Saint-Antoine. Les fondements en furent jetés, mais la construction, poursuivie dès l'abord avec lenteur, ne tarda pas à être abandonnée.

Telle fut la vie d'artiste de Perrault. L'année même où s'achevait la colonnade, en 1670, Levau avait cessé de vivre, affaibli moins par l'âge que par ses chagrins d'architecte. On devait croire que Perrault serait son héritier; mais, malgré tout le bien que lui voulait Colbert, il ne fut pas choisi. Le titre de premier architecte du roi tomba aux mains d'un jeune homme de vingt-trois ans, qui jusque-là n'avait encore rien fait que porter, il est vrai, un nom illustré par son oncle. Beaucoup d'esprit, de souplesse et d'audace, de grandes espérances de talent et l'amitié de Lebrun, valurent à Jules Hardouin Mansart cette immense faveur, origine d'une fortune plus éclatante encore.

Perrault, à cette époque, ne pensait qu'à son Louvre; malheu-

(1) Ainsi Sauval, dans son chapitre sur la colonnade, écrit probablement vers 1680, ne prononce même pas le nom de Perrault, et s'exprime ainsi en terminant : « Les grands travaux (de cette façade) ont été commencés en 1667 et conduits dans l'état où on les voit à présent, en 1670, par les soins et sur les dessins de Louis Levau, né à Paris, premier architecte du roi. François d'Orbay, son élève, ne contribua pas peu à la perfection de ce bel ouvrage, et c'est à ces deux excellents architectes à qui on doit attribuer toute la gloire du dessin et de l'exécution de ce superbe édifice, malgré tout ce que l'on a publié de contraire. »

reusement le roi n'y pensait plus. Versailles avait depuis deux ans chassé le Louvre de son esprit. Il ne voulait d'abord que remanier et étendre le petit rendez-vous de chasse de son père, et c'était à Levau qu'il avait commis ce soin, en compensation de ses récents échecs. Levau fit là ses dernières armes. Dans les années 1669 et 1670, les travaux de Versailles prirent sous sa direction une grande importance, et les dépenses commencèrent à égaler, voire même à dépasser de trois ou quatre cent mille livres les sommes employées au Louvre dans cette même période ; mais, lorsque le jeune Mansart eût pris la conduite des travaux, ce fut bien autre chose. L'ardeur du roi s'accrut de la fougue complaisante et habile de son nouvel instrument, et, dès la première année, les dépenses de maçonnerie, qui en 1669 n'avaient pas dépassé à Versailles 1,200,000 livres, qui en 1670 n'avaient pas atteint 2 millions, s'élevèrent tout à coup à 3 millions 400,000 livres, tandis qu'au Louvre elles descendirent au-dessous d'un million, tombèrent l'année suivante à 213,000 livres, et furent réduites, dès 1672, à une somme insignifiante, 58,000 livres environ.

Colbert gémissait, fronçait ses noirs sourcils, hasardait de courageuses remontrances, mais en vain. Il avait compté sur la gloire de terminer le Louvre, il fallut y renoncer. Jusqu'en 1680, on voit encore ce mot *Louvre* figurer dans les comptes royaux, mais pour des sommes à peine suffisantes à l'entretien de ce qui était fait, sans rien bâtir de nouveau. Puis, à partir de cette époque, il n'est même plus fait mention des dépenses d'entretien ; Versailles absorbe tout. On peut donc dire que, pour l'histoire du Louvre, Louis XIV a cessé de régner en 1680, trente-cinq ans avant sa mort.

Perrault survécut près de huit années à la disgrâce du monument où il s'était illustré ; mais jusqu'à son dernier jour il composa des plans pour l'achèvement du Louvre. Une partie de ses dessins, recueillie par son frère, est parvenue jusqu'à nous et se conserve à la bibliothèque du Louvre. C'est là qu'on apprend à connaître Perrault, toujours riche et brillant dans ses élévations, subtil et chimérique dans ses plans. Quelques-uns de ses projets pris à part, et par exemple la grande chapelle qu'il voulait élever au centre du Carrousel, le grand escalier qu'il plaçait en avant du pavillon de l'Horloge, du côté des Tuileries, sont de petits chefs-d'œuvre *en peinture*; les lignes en sont habilement ajustées, les dessins d'un rendu séduisant; mais, en exécution, que deviendraient ces projets? Quels défauts de pratique et de réflexion! Ce sont des jeux d'imagination et de calcul, des combinaisons ne visant qu'à l'effet; ce ne sont pas des conceptions sérieuses et solides. Pour connaître exactement la portée de cet esprit, il faut jeter les yeux sur le projet d'ensemble qui contient tous les autres, sur son plan de réunion du Louvre et des Tuileries. C'est là la question capitale, le grand problème qu'il s'agit de résoudre aujourd'hui. Eh bien, nous n'hésitons pas à le dire, à la façon dont Perrault l'a tranché, il nous est impossible de regretter qu'il n'ait point eu à sa disposition les millions enfouis à Versailles. En vrai mathématicien, il ne manque pas d'attacher une extrême importance au défaut de parallélisme des deux palais. C'est là un pur enfantillage, comme nous le verrons plus loin. Pour cacher ce défaut, il s'est mis l'esprit à la torture, et jamais on ne devinerait jusqu'où l'a conduit cette horreur d'un angle un peu trop aigu. Il ne se contente pas, comme tant d'autres l'ont proposé depuis, de couper par le milieu ce vaste espace, de faire deux cours au lieu d'une, il en fait seize, non compris la grande cour du Louvre; et dans un second projet, craignant sans doute d'avoir été parcimonieux, il va jusqu'à dix-neuf. Ces dix-neuf cours sont de toute forme et de toute grandeur; on y voit des ovales, des octogones, des quadrangles, des trapèzes, des parallélogrammes, toutes les figures de la géométrie; et, comme ces cours sont bordées de bâtiments, comme ces bâtiments épousent leurs formes diverses, c'est un chaos inextricable d'angles qui se heurtent et se contrarient, de constructions qui s'adossent ou se pénètrent, d'où résulte une telle masse bâtie, qu'il y a pour ainsi dire dans cet ensemble autant de pleins que de vides. Voilà pourtant où aboutit un esprit ingénieux, une vive imagination, un dessinateur consommé, s'avisant de faire de l'art à cinquante ans, sans autre guide que les mathématiques !

Voyons maintenant comment ce même plan fut conçu, à première vue et d'instinct, par un artiste, nous ne voulons pas dire seulement de profession, mais de naissance, par ce Bernin, qui, quoi qu'en dise Charles Perrault, était un autre homme que son frère, un esprit gâté par le faux goût du temps, mais un esprit supérieur, un génie de décadence, mais un véritable génie, témoin ces innombrables monuments qu'il a créés, et qui, même au travers de formes molles et contournées, laissent percer presque tous un caractère d'inexprimable grandeur. Le Bernin ne faisait pas de l'architecture pour se donner occasion de dessiner des feuilles d'acanthe; il comprenait son art en général d'armée, saisissant d'un coup d'œil les grands effets de masse et les dispositions du terrain. Autant il avait la main lourde pour tracer une élévation, autant il l'avait sûre et hardie pour jalonner les grandes lignes d'un plan. Ses projets de façades, nous l'avons déjà dit, étaient écrasants pour notre Louvre; mais quelle magnifique façon de comprendre les abords du monument! En avant de la grande entrée, du côté de l'est, il traçait une place immense ouverte jusqu'au Pont-Neuf, et dans cette place, autour d'une statue colossale du roi, étaient groupés des bassins, des fontaines jaillissantes, et tout un système de décoration annonçant les approches d'un palais; puis, entre le Louvre et les Tuileries, à peine avait-il vu cette grande galerie d'Henri IV se prolongeant au bord de l'eau, que l'idée lui était venue de la répéter du côté opposé, et d'opérer ainsi, non pas seulement la communication, mais la jonction des deux palais. Cette idée est de lui, comme l'atteste M. de Chantelou; sa vue avait percé cette forêt de maisons qui, depuis le commencement du siècle, s'était interposée entre les deux édifices : il l'abattait dans sa pensée, et cet espace une fois découvert et aplani, croit-on qu'il s'amusât à le découper en petits compartiments? — « Ce serait un crime, disait-il, que d'obstruer une partie quelconque de cette admirable place, la plus grande qui sera dans le monde. Si vous y bâtissez quelque chose, j'aime autant ce que j'y vois que ce que vous y mettrez. On ferait le tour de l'Europe pour trouver sa pareille, et vous voulez détruire cette grandeur que le hasard vous donne? Pourquoi? Pour cacher un défaut de parallélisme ! Mais qui saura qu'il existe, ce défaut, quand une fois les maisons seront par terre? Il n'y aura que les oiseaux qui s'en apercevront. »

Voilà ce qu'une simple conjecture de génie lui faisait affirmer, il y aura bientôt deux cents ans; que dirait-il donc aujourd'hui !

VII.

Le Louvre depuis Louis XIV jusqu'à nos jours.

Nous venons de voir que, depuis 1680 jusqu'à la mort de Louis XIV, le Louvre était tombé dans un complet oubli. Il ne fut pas plus heureux sous Louis XV, du moins pendant les deux premiers tiers de son règne. Il y a là une période de soixante-quinze ans qui rappelle les mauvais jours du Louvre féodal, depuis la mort de Charles V jusqu'à François Ier. Aux deux époques, le monument n'est resté debout que par son poids, par sa masse, se dégradant de jour en jour, sans que personne en prît ni pitié ni souci.

Pour nous faire une idée des conséquences de ce long abandon, commençons par constater dans quel état Perrault avait laissé le Louvre. La colonnade était bâtie et complétement sculptée, mais le corps de logis auquel elle est adossée n'était pas terminé du côté de la cour; les deux premiers étages, reproduction pure et simple de ce qui existait vis-à-vis, avaient été promptement élevés; il n'en avait pas été de même de l'étage supérieur. Là, grâce à la colonnade, on ne pouvait plus copier; reproduire l'attique de Lescot et le toit qui le surmonte, c'était risquer qu'un spectateur, placé de l'autre côté de la cour, aperçût par-dessus le toit le revers des balustres de la colonnade, ce qui eût été du plus étrange effet. Il fallait donc nécessairement composer un étage en remplacement de l'attique.

et lui donner assez d'élévation pour atteindre à peu près le niveau de la colonnade ; il fallait, en outre, que ce nouvel étage ne fût surmonté d'aucun comble apparent, et qu'il se terminât, comme la colonnade, en plate-forme à l'italienne.

Perrault imagina bien des combinaisons, une entre autres qui consistait à répéter tout autour de la cour les grandes cariatides de Sarrazin ; mais cette fantaisie, dont il nous a conservé le dessin, était d'une accablante lourdeur. Il renonça donc à ces cent quarante figures de femmes rangées sur la même ligne, et, après d'autres essais et de longs tâtonnements, se résigna tout platement à répéter, en guise d'attique, la décoration du premier étage, plaçant ainsi l'un au-dessus de l'autre deux ordres composites d'égale importance et de même forme, diversifiés seulement par quelques détails imperceptibles à l'œil nu. Vers 1680, on pouvait déjà sentir la désespérante monotonie de cette disposition, car le troisième ordre était presque entièrement construit sur toute la longueur de cette façade, mais il n'était ni sculpté ni couvert. Perrault l'avait prolongé en retour d'équerre jusqu'au tiers environ du corps de logis du nord, et là encore les couvertures, faisaient défaut. Enfin, du côté de la rivière, la nouvelle façade, commencée l'année même de la mort de Levau, avait été très-rapidement montée, mais quelques pierres manquaient çà et là dans le sommet de la corniche ; les chapiteaux des pilastres, les chambranles des fenêtres, toutes les parties destinées à la sculpture, n'étaient qu'à peine épannelées ; c'était une grande devanture à jour que quelques chaînes de pierres rattachaient de distance en distance à la façade de Levau. — Quant à cette façade, elle était restée intacte mais comme claquemurée, et rien ne peut donner l'idée de l'étrange figure que faisaient son grand dôme central et les toits aigus de ses deux pavillons latéraux s'élevant au-dessus et en arrière des nouvelles constructions couvertes de leurs échafaudages. L'espoir de reprendre les travaux avait fait maintenir longtemps cette enveloppe de charpente ; mais à la fin, comme elle tombait de pourriture, il fallut l'enlever. Dès lors il n'y eut plus aucun moyen de nettoyer et d'entretenir les pierres de la nouvelle façade; le vent, la pluie, la poussière, y firent germer tout un jardin; la colonnade, de son côté, et l'aile septentrionale, restées aussi sans couverture, ne tardèrent point à verdir. C'étaient, à perte de vue, des champs de giroflées et de tous ces feuillages qui se plaisent aux ruines.

Si du moins ce malheureux monument n'avait eu pour ennemi que cette végétation parasite et les injures du temps; mais les hommes s'en étaient emparés et l'outrageaient bien mieux encore! Du vivant de Louis XIV cette invasion s'était contenue dans de certaines bornes. On s'était contenté de concéder des logements à quelques officiers de la couronne, et, par faveur singulière, des ateliers à quelques artistes éminents. C'était aussi une hospitalité inoffensive que celle qu'avait donnée le roi à plusieurs corps savants, à l'Académie française, aux Académies des inscriptions et des sciences, à l'Académie de peinture et de sculpture, puis enfin à l'Académie d'architecture. Mais sous la régence, et dans les vingt-cinq ou trente années qui suivirent, il n'y eut plus un rapin en faveur qui ne s'arrogeât le droit d'avoir au Louvre un atelier, pas un valet de cour qui n'y introduisît sa famille. Pour décupler les logements, il fallut entresoler presque toutes les grandes salles, les couper de deux ou trois cloisons, ouvrir dans l'épaisseur des murs des cages d'escaliers, des gaines de cheminée. De tous côtés et à tous les étages, on vit des tuyaux de poêle vomir la suie et la fumée. C'était une grande hôtellerie où chacun faisait son lit à sa façon et travaillait pour soi. Ceux qui avaient des chevaux trouvaient moyen de les loger. Le vestibule qui fait face à la rue du Coq servait de remise à cinq voitures et d'écurie à quatorze chevaux. M. le duc de Nevers avait sa petite écurie dans une des salles occupées aujourd'hui par les sculptures de la renaissance; M. de Champlot et M. de Tessé avaient installé leurs carrosses et leurs chevaux dans la grande salle des moulages. Mais ce n'était pas tout. Pour aider à cette dégradation intérieure, on avait adossé aux façades extérieures, et plus particulièrement au soubassement de la colonnade, les établissements les mieux faits pour ronger un monument à sa base. Ainsi, dans l'ancien hôtel de Longueville, démoli seulement en partie comme nous l'avons dit, on avait transporté la poste aux chevaux et les relais du royaume. Les chevaux avaient leurs mangeoires contre le mur de la colonnade, et les poutres du hangar qui les couvrait étaient scellées dans le mur. Tout à côté, on avait placé les écuries de la reine, et sur les ruines du Petit-Bourbon s'élevaient des appentis en bois qui pouvaient à chaque instant prendre feu et calciner les pierres du voisinage. Enfin, dans l'intérieur même de la cour du Louvre, un certain nombre de barraques construites, lors de la grande activité des travaux, pour abriter les matériaux et loger les ouvriers, n'avaient pas été démolies; elles furent envahies comme le reste; douze ou quinze ménages s'y entassèrent. C'était une petite ville, une colonie, comme à Nîmes et à Arles dans le cœur des arènes. A force de tolérance, la possession s'affermissait de jour en jour, et chacun se croyant maître chez soi, consolidait, agrandissait sa demeure; on vit même, en 1750, quelques-uns de ces habitants du Louvre reconstruire en belle et bonne pierre les parties de ces masures qui tombaient de vétusté.

Cette impudence souleva des murmures. Le Louvre, aux yeux des Parisiens, bien que déserté depuis si longtemps par la royauté, était toujours une habitation royale. On cria au scandale et à l'usurpation. Les gazettes se permirent des doléances, et de nombreux écrits, mordants et indignés, sommèrent le pouvoir de réprimer ces désordres. Un de ces écrits évoquait l'ombre de Colbert, et mettait dans la bouche du grand ministre des vérités et des reproches qui remontaient jusqu'au roi. Au milieu de cette émotion, M. de Marigny devint surintendant général des bâtiments, et se sentit le courage de chasser les vendeurs du temple. Au bout d'un an, le roi, cédant à ses prières, lui accorda l'autorisation d'entreprendre la restauration et l'achèvement du Louvre. Le 16 février 1755, les travaux furent inaugurés aux applaudissements du public.

Des deux problèmes que comprenait l'achèvement du Louvre,

il en était un, la réunion des deux palais, que M. de Marigny ne songeait pas même à aborder. Toute son ambition était de rétablir le monument lui-même, c'est-à-dire les quatre côtés du quadrangle, dans l'état où l'avait laissé Colbert, et de le terminer, s'il était possible.

Gabriel, qui, par ses façades de la place Louis XV, prenait alors dans son art un rang que Soufflot seul devait lui disputer plus tard, fut chargé de conduire les travaux. Il commença par restaurer la colonnade de Perrault, tombée dans un état désolant. Les armatures en fer avaient produit leur effet; il fallut remplacer presque toutes les pierres du plafond, fendues et éclatées. Gabriel se hâta aussi de porter secours à la nouvelle façade du bord de l'eau, il la consolida, la rattacha aux parois de l'ancienne façade en jetant aux deux étages des poutres et des planchers, mais sans avoir le temps ni de la sculpter, ni de la clore par des fenêtres, ni même de la couvrir : car la bonne volonté de M. de Marigny ne tarda pas à être paralysée. Le malaise des finances et les intrigues de cour lui fermèrent les coffres de l'État. Toutefois, pendant le peu d'années que dura sa mission, Gabriel avait fait un autre travail; il avait restauré et non construit, comme on l'a dit et imprimé souvent, le troisième ordre adossé à la colonnade de Perrault. Ce troisième ordre, nous le répétons, est l'œuvre de Perrault lui-même. Blondel, qui faisait imprimer son quatrième volume en 1755, au moment même où Gabriel allait mettre la main à l'œuvre, nous dit dans quel état était ce troisième ordre, et comment, faute d'avoir été couvertes, la plupart des pierres étaient pourries; il ajoute que pour le remettre à neuf il faudrait le détruire aux deux tiers environ de sa hauteur, et exprime le vœu qu'il puisse être remplacé par l'attique de Lescot, vœu remarquable à cette époque, et chez un homme qui n'était pas fou, tant s'en faut, du style de la renaissance. Obligé de choisir, les deux ordres égaux superposés révoltaient encore plus son bon sens, que les combles apparents de Lescot ne choquaient ses préjugés.

Gabriel fut moins bien inspiré, et se contenta de rétablir à grands frais ce qu'avait déjà fait Perrault; seulement, les sculptures, qui jusque-là n'étaient qu'en ébauche, furent achevées par ses soins; mais, chose vraiment incroyable, et qui ne peut s'expliquer que par une interruption presque subite des travaux, il oublia, comme Perrault en 1680, d'assurer, soit par des feuilles de plomb, soit par tout autre moyen, la conservation de son œuvre. La maçonnerie nouvelle resta sans couverture comme, celle qu'elle avait remplacée.

Tel fut le résultat de cette grande restauration, si pompeusement annoncée, la seule qu'on ait essayée dans tout le cours du dix-huitième siècle, car il n'y a rien à dire d'une autre tentative encore plus éphémère dont M. d'Angivilliers, successeur de M. de Marigny, prit l'initiative dans les premières années du règne de Louis XVI, et qui donna occasion à Soufflot de faire encore moins que Gabriel. Tout ce qu'on avait gagné en remettant le Louvre en honneur, et en y dépensant quelques millions, c'était de l'avoir rétabli à peu près dans l'état où Colbert l'avait laissé, mais pas mieux défendu contre les assauts du temps.

Soyons justes cependant, M. de Marigny avait encore rendu une autre sorte de service : il avait déblayé les abords du monument. Les baraques qui obstruaient le soubassement de la colonnade, les hangars de la poste aux chevaux, les échoppes des écuries de la reine, les appentis plus voisins de la rivière avaient tous été détruits; et, dans l'intérieur de la cour, on avait impitoyablement rasé toutes les masures. Ces vigoureuses exécutions ne s'étaient pas opérées sans efforts. Ce fut bien autre chose, quand on voulut se débarrasser, non plus seulement de cette population qui bivouaquait sous des hangars, mais de celle qui était installée dans l'intérieur du palais. La résistance fut plus vive, et souleva probablement une partie des obstacles qui firent suspendre les travaux. Il y eut des grands seigneurs qu'on ne put faire déloger; il y eut quelques artistes qui ne voulurent pas déguerpir; et, par exemple, il fut impossible de débusquer Vanloo de la galerie d'Apollon, où il avait établi son atelier et même son logis.

Le moment approchait où tout à coup le Louvre allait devenir désert. En 1792, après la chute de la royauté, tous ceux qui, à un titre quelconque, habitaient ce palais, furent mis dehors. Mais bientôt la convention, en rendant le décret qui consacrait le Louvre *à l'étude des beaux-arts,* donna prétexte à une invasion nouvelle, bien autrement violente, et encore plus dangereuse pour le monument que celle de 1715. Les cloisons, les entresols, les escaliers, les tuyaux de poêle, dont M. de Marigny avait à si grand'peine poursuivi la destruction, furent rétablis en un clin d'œil. Pour peu qu'on eût quelque civisme et qu'on sût manier un crayon, on venait choisir un local, et, de gré ou de force, on se logeait avec femme et enfants. Les élèves suivaient le maître, et s'installaient à à leur tour. En peu de jours tout fut plein. Dans le nombre, il se glissa quelques hommes de grand talent ; mais le niveau de l'égalité fit entrer une tourbe ignorante et brutale, pour qui le Louvre était une place prise d'assaut. Il existe encore des témoins de ces saturnales ; il faut leur entendre raconter en quel état cette jeunesse avait mis ce malheureux Louvre : de tous côtés ce n'étaient que dégradations, que débris, que décombres. Jamais l'aspect du monument n'avait été si délabré et si hideux.

Heureusement un homme apparut qui d'un geste allait rétablir l'ordre, aussi bien dans le Louvre que dans la France entière. Les premiers actes du consulat n'oublièrent pas le vieux palais de nos rois. Pour en chasser les maraudeurs, deux occasions se présentèrent : le rétablissement des corps savants, auquel on assigna quelques grandes salles qu'on fit aussitôt vider ; puis l'exposition publique des trésors de peinture et de sculpture dont nos victoires venaient de dépouiller l'Italie. Pour étaler dignement ces chefs-d'œuvre, on fit choix, au rez-de-chaussée, des anciens appartements d'Anne d'Autriche, et, au premier étage, du grand salon et d'une partie de la grande galerie. Un homme qui devait à peine survivre à cette mission, M. Raymond, fut chargé de restaurer toutes ces salles. Les artistes qu'on en fit sortir, ceux du moins qui par leur talent justifiaient leur usurpation, furent logés à la

Sorbonne ou dans d'autres bâtiments de l'État. Il en restait encore bon nombre, soit derrière la colonnade, soit dans l'aile du nord, et ce n'est guère qu'en 1803 que le palais tout entier devint à peu près libre.

Ce fut aussi vers cette époque que le premier consul, déjà presque empereur, résolut de s'occuper du Louvre, non plus seulement pour le déblayer, mais à la façon de François Ier, d'Henri IV et de Louis XIV, pour l'achever, l'orner et l'agrandir. L'entreprise convenait à ses goûts et à son système. Il aimait les grandes choses, et sentait avec son admirable instinct que c'était une tâche à la fois royale et populaire que de mettre la dernière main à l'œuvre inachevée de tant de rois. Pour remplacer M. Raymond, qui venait de mourir, il avait associé le goût élégant et fin de M. Percier à l'esprit pratique et entreprenant de M. Fontaine. Ces deux hommes de talent ont publié le récit des travaux exécutés par eux depuis 1803 jusqu'en 1812, et, ce qui n'est pas moins précieux, quelques souvenirs de leurs fréquents entretiens avec l'empereur à l'occasion de ces travaux. Est-il besoin de dire que, pour le nouveau monarque, l'achèvement du Louvre ne consistait pas à terminer seulement les quatre ailes de l'ancien palais, et que, dans son esprit, il menait de front l'autre problème, plus grand et plus difficile, que, depuis le Bernin et Perrault, personne n'avait agité : la réunion du Louvre et des Tuileries ? Mais comme il avait pour principe de ne jamais faire qu'une seule chose à la fois, aussi bien en architecture qu'à la guerre, on commença par la restauration du vieux Louvre.

La colonnade fut, pour la deuxième fois, remise à neuf. Il fallut la reprendre à peu près pierre par pierre, comme avait fait Gabriel, cinquante ans auparavant; puis, la façade du bord de l'eau fut définitivement sculptée, close et couverte : grand travail, qui fit disparaître les vestiges, apparents jusque-là, de la façade de Levau. Enfin il fallut résoudre cette question tant de fois controversée : comment achever la partie supérieure des quatre façades de la cour ? Quel plan suivre pour les rendre régulières ? Celui de Lescot ou celui de Perrault? l'attique ou bien le troisième ordre? L'attique était déjà exécuté dans les sept douzièmes environ de la cour; le troisième ordre n'en occupait que les quatre douzièmes, et le dernier douzième n'était pas commencé. Quelque parti qu'on prît, on ne pouvait arriver à l'unité qu'en détruisant quelque chose; mais il y avait moins à détruire en continuant l'attique qu'en prolongeant le troisième ordre. Par une heureuse coïncidence, l'économie était du côté du bon goût.

L'empereur voulut avoir l'avis, non-seulement de l'Institut, mais des architectes et des artistes les plus éminents de Paris. Une grande commission fut nommée. Elle examina longuement la question, et il faut le dire à l'honneur de ceux qui en ont fait partie, malgré ce goût du faux antique, alors si répandu et si incontesté, malgré le peu de sympathie que les combles en saillie et les formes ondulées de cet attique devaient inspirer à des praticiens familiarisés seulement avec la ligne horizontale, ils furent saisis d'un certain respect traditionnel pour ces débris de l'ancien art français, et pas une voix n'osa demander que le troisième ordre fût prolongé autour des quatre façades. A une immense majorité, la commission fut d'avis (le 11 prairial an XII), *que l'attique déjà exécuté au couchant, et en partie au nord et au midi de la cour du Louvre, devait être continué.* Il n'y eut dissentiment que sur un point : fallait-il, du côté de l'est, au revers de la colonnade et pour en dissimuler la hauteur, maintenir par exception le troisième ordre; ou bien, même de ce côté, devait-on continuer l'attique? Ceux qui soutenaient ce dernier parti prétendaient, non sans raison, qu'il était très-facile de combiner un toit qui ne serait pas visible du côté de la colonnade, et qui n'empêcherait pas sa balustrade à jour de se détacher sur le ciel. Cette question seule, encore un coup, fut sérieusement controversée; il y eut doute et partage; mais pour le maintien de l'attique du côté du couchant, pour sa continuation au nord et au midi, c'était chose jugée. Le rapport de la commission, rédigé par Dufourny, démontrait jusqu'à l'évidence combien était absurde l'addition d'un troisième ordre égal aux deux premiers ; combien serait odieuse la destruction de sculptures universellement admirées depuis trois siècles. Dès que ces conclusions eurent transpiré dans le monde des arts, elles furent accueillies avec une faveur extrême. On peut en voir le reflet dans le grand ouvrage de M. Baltard sur le Louvre, publié vers cette époque. L'auteur cite en substance l'avis de la commission, alors tout récent ; il chante la victoire de Lescot, et en remercie le chef du gouvernement, sans avoir même un soupçon qu'un autre avis pût prévaloir.

Aussi l'étonnement fut grand, lorsqu'on apprit, un beau matin, que l'empereur avait, *proprio motu*, donné gain de cause au troisième ordre. Il ne faisait qu'une seule concession : le maintien de l'attique du côté du couchant, comme échantillon du style de l'ancien Louvre. C'était juste le rebours de ce qu'avait demandé l'unanimité des artistes.

L'arrêt était sans appel ; il fut exécuté. On jeta bas l'attique du midi et du nord, c'est-à-dire, non-seulement les copies de Lemercier et de Levau, mais une moitié de l'original. Les sculptures de Paul Ponce furent sciées et descendues par morceaux. Le cœur saigne en y pensant ! Voyez pourtant à quoi tiennent les choses ! Voilà un monument découronné, disons le mot, déshonoré (pas un artiste qui n'en convienne), et pourquoi ? Parce que l'empereur Napoléon, malgré tout son génie, était, en architecture décorative, de l'école de Perrault ; parce que les lignes droites et les balustres plaisaient à ses instincts méridionaux. Eh bien, si le bonheur eût voulu qu'au lieu de commencer par restaurer la cour du Louvre, il se fût occupé d'abord de la jonction des deux palais, et si, pour cet ordre de travaux, il eût fait, comme pour l'autre, acte de volonté souveraine, nous n'aurions probablement pas les mêmes regrets à exprimer ; car, MM. Fontaine et Percier nous l'apprennent, il était ennemi de tout projet tendant à diviser ou rétrécir l'espace qui sépare le Louvre des Tuileries. Ses deux architectes, au contraire, préoccupés outre mesure des prétendues incompatibilités de ces deux édifices, soutenaient que, pour être bien mariés, ils avaient absolument besoin de faire ménage à part ; mais, « toutes les fois, disent-ils, qu'on proposait à l'empereur des cons-« tructions intermédiaires, soit pour satisfaire aux besoins des deux « palais, soit pour cacher leurs défectuosités respectives, il regret-« tait le grand espace entre les deux ailes, répétant toujours : *Il* « *n'y a de beau que ce qui est grand; l'étendue et l'immensité peu-* « *vent faire oublier bien des défauts.* » Aussi ce fut de guerre lasse qu'il se rendit, et il ne céda que devant une assertion technique, que nous examinerons plus loin : l'*impossibilité matérielle* de laisser à cette place toute son étendue.

Faut-il nous étonner que le même homme qui dans la cour du Louvre venait d'avoir la main si malheureuse, eût de si bonnes intentions pour la place du Carrousel ? Cela s'explique aisément. Le Bernin n'avait-il pas aussi des desseins peu charitables pour les façades de Lescot, et ses idées pour la jonction des deux palais n'étaient-elles pas d'une admirable simplicité ? C'est qu'autre chose est le sentiment de la décoration, autre chose la conception des plans ; dans un cas, pour prendre le bon parti il faut surtout avoir du goût, tandis qu'avec du génie on risque rarement de se tromper dans l'autre.

En adoptant, à son corps défendant, le projet de ses architectes, l'empereur voulut au moins que les constructions transversales qui devaient séparer les deux palais fussent destinées, ainsi que les subdivisions qui s'y rattachaient, à des services d'utilité publique analogues à ceux qu'il avait installés déjà dans la grande galerie et dans une partie du Louvre, c'est-à-dire aux beaux-arts et aux lettres. Il écarta sévèrement tout service administratif ou militaire qui aurait pu compromettre la sûreté de nos collections ou troubler la tranquillité des travailleurs. Il ne se réservait pour lui personnellement que les Tuileries, et donnait tout le reste à la science et à l'étude. L'aile transversale était spécialement destinée à recevoir la Bibliothèque nationale ; puis en face de l'entrée du musée et en pendant de la galerie d'Apollon devait s'élever une chapelle, pour tenir lieu de Saint-Germain l'Auxerrois, condamné à être démoli. Enfin on imposait à cette chapelle un étrange voisinage, la salle de l'Opéra, plantée isolément à deux pas de là, vis-à-vis le Palais-Royal et en travers de la future rue de Rivoli : idée doublement malheureuse, et comme aspect et comme convenance.

A la chute de l'empire, l'ensemble de ce projet n'avait encore reçu que de faibles commencements d'exécution. On travaillait depuis 1801 à déblayer peu à peu le terrain. Les hôtels de Brionne et de la Vallière, qui occupaient en partie le côté nord de la cour actuelle des Tuileries, avaient été promptement démolis, ainsi que les trois grandes masses de bâtiments de service qui encombraient d'autres portions de cette même cour. Sur la place du Carrousel les démolitions avaient été poussées jusqu'à la rue Saint-Nicaise, à l'alignement des hôtels de Crussol et d'Elbeuf. Quant aux constructions, elles ne consistaient encore, du côté des Tuileries, que dans cent trente mètres environ de l'aile septentrionale, depuis le pavillon Marsan jusqu'à la deuxième travée au delà de la rue de l'Échelle. A l'autre extrémité, du côté du Louvre, le travail était encore moins avancé : on avait seulement commencé la chapelle ; le portail, élevé à moitié de sa hauteur tout au plus, n'était qu'un amas de pierres d'attente, comme la plupart des monuments entrepris sous l'empire. Car il n'y a que les poëtes et les panégyristes qui croient qu'en 1814 ces monuments étaient tous terminés. Les imaginations plus prosaïques se rappellent à quelle hauteur étaient alors parvenus et la *Madeleine*, et l'*Arc de l'Étoile*, et le *Palais du quai d'Orsay*, et tant d'autres édifices dont l'époque de l'empire ne peut revendiquer que l'honneur de les avoir fondés.

Les deux gouvernements qui, depuis 1814, ont achevé ces monuments et qui en ont donné tant d'autres à la France, en même temps qu'une prospérité et une liberté sans exemple, ont eu le tort, pourquoi n'en pas convenir, d'avoir laissé le Louvre dans l'état où ils l'avaient reçu. Cet aveu n'atteint pas les chefs de ces gouvernements, le dernier surtout, puisqu'il s'était hâté, tout le monde s'en souvient, de provoquer l'achèvement de cette grande œuvre, et qu'il l'eût certainement poursuivi, comme à Versailles, même au prix de ces sacrifices personnels qui pèsent aujourd'hui sur sa famille. Un regrettable conflit d'attributions lui lia les mains et fournit à la malveillance un champ facile à exploiter. Déjà, lorsqu'en 1820 on avait vu la galerie d'Apollon étayée par précaution, sans que d'année en année il fût fait aucun effort pour réparer cette ruine, des plaintes s'étaient élevées, sincères chez les uns, envenimées chez d'autres, et ni les riches travaux de décoration intérieure exécutés sous le roi Charles X, ni la création du musée qui porte son nom, ni la construction de deux ou trois travées nouvelles de l'aile septentrionale, n'avaient suffi à effacer les premières impressions du public.

Il fallait donc s'attendre qu'en 1848 on chercherait à les ranimer. Les hommes qui ne pouvaient reprocher à la monarchie que des méfaits imaginaires devaient saisir l'occasion facile de se donner un mérite qu'elle n'avait pas eu. Ils décrétèrent l'achèvement du Louvre, c'est-à-dire, dans la phraséologie du temps, l'achèvement du *Palais du Peuple;* mais ces belles paroles s'évanouirent comme tant d'autres, et le monument resta tel qu'il était. Ce fut seulement neuf ou dix mois plus tard que, les mots devenus moins sonores, les effets commencèrent. En décembre 1848, l'assemblée constituante, à l'instigation de ses membres les plus éclairés, consentit à s'occuper du Louvre; et les mêmes hommes qui auraient cru la France ruinée s'ils eussent accordé au roi Louis-Philippe deux cent mille francs à dépenser dans ce palais votèrent, sans y regarder, deux millions. Est-ce à dire que cet argent n'ait pas reçu un bon et utile emploi? Il s'en faut. C'est pour le Louvre une bonne fortune comme il n'en a pas eu beaucoup dans sa longue carrière, que les restaurations qu'il voit exécuter depuis trois ans, et sur sa face méridionale et dans la galerie d'Apollon. Ces restitutions patientes, ces harmonieux achèvements, sont des travaux ingrats, dont ceux même qui les admirent ne peuvent soupçonner la hardiesse et les difficultés. Aussi nous ne croyons pas qu'il y ait profit pour les arts à glisser légèrement sur le sérieux mérite de telles œuvres, pas plus qu'à s'appesantir, dans les salles où les travaux sont de création nouvelle, sur des détails assurément contestables, mais qui ne pèchent, en général, que par une recherche trop constante du style et de la distinction. Voyez où mènent ces critiques qui se plaisent à grossir le mal en atténuant le bien : elles ameutent inconsidérément le public et égarent l'autorité. Certes il y avait, dans la décoration de la cour du Louvre, quelques erreurs d'exécution, mais le parti était excellent. Les erreurs pouvaient aisément disparaître, et l'artiste les eût corrigées, peut-être même avant qu'elles lui eussent été signalées, si les architectes avaient, comme les peintres et les sculpteurs, le privilége de travailler dans le silence de l'atelier. Il suffisait d'alléger les supports des candélabres à peine encore dégrossis, de supprimer les petites grilles courantes, et peut-être enfin de réunir les subdivisions centrales, pour que tout le monde comprît et approuvât sans réserve le charme de cette verdure contrastant avec l'architecture des façades, ces promenoirs obliques, tracés, pour ainsi dire, par le public lui-même, et ces bancs semi-circulaires, qui se mariaient avec tant de bonheur aux quatre angles de l'édifice. Mais on a pris à la lettre les anathèmes de la critique. Tout était détestable, donc il a fallu tout changer. Qu'en diront maintenant les vrais coupables? Ou nous nous trompons fort, ou ils reconnaissent déjà que cette malheureuse cour a passé de la vie à la mort. Ce n'est plus qu'un aride Thébaïde, qui tue le monument, au lieu d'une fraîche oasis qui lui servait de repoussoir.

Mais achevons notre récit. Les deux millions votés par l'assemblée constituante ne concernaient que des travaux d'ornement et de restauration. On fit un pas de plus dans l'assemblée législative : elle fut saisie, dès son début, d'un projet d'achèvement complet. C'était, quant à l'ensemble du parti, le même projet qu'on se dispose à exécuter aujourd'hui; la destination seule différait. Dans les corps de logis que maintenant on affecte à des services administratifs, on proposait alors de placer la Bibliothèque nationale.

L'assemblée n'accorda que les crédits nécessaires au déblaiement de la place du Carrousel ; elle ajourna toute construction nouvelle.

Trois raisons la décidèrent : l'état de nos finances, alors peu rassurant; l'intérêt de la Bibliothèque, qui ne peut être bien logée que dans un local élastique, en quelque sorte, dans des constructions se prêtant, comme celles qu'elle occupe, à des agrandissements successifs, et non dans un monument d'une ordonnance régulière, symétrique et arrêtée, tel que devait être le Louvre. Venait enfin, comme dernier motif d'ajournement, l'intérêt du Louvre lui-même. Sans se prononcer sur le mérite du projet qui lui était soumis, l'Assemblée avait pensé que, si la réunion des deux palais devait être un jour consommée, il y aurait grand profit à n'avoir pris sur cette question un parti définitif qu'après le déblaiement de la place, et surtout après son nivellement, opération non moins importante, pour se rendre un compte exact de l'effet des futures constructions.

Ces conclusions modestes et expectantes furent généralement approuvées. Elles convenaient en 1849. Nous comprenons qu'en 1852 on ne s'en contente pas, et c'est pour nous un regret sincère, car nous persistons à croire que, dans l'intérêt du monument, une halte était nécessaire, mais non pas une halte inactive. Nous aurions souhaité qu'avant de s'occuper de clore le Carrousel, on fît au Louvre lui-même les trois ou quatre millions d'urgents travaux que réclament et son complet achèvement et sa consolidation. Si nous disions en quel état sont les toitures, surtout celles qui n'apparaissent pas, on comprendrait notre sollicitude ! Une épaisse et lourde charpente, des poutres à moitié vermoulues, ne chargent-elles pas les murs de face, tout en soutenant à peine les toits qui les surmontent ? Et derrière ces balustres qui ont l'air de couronner de larges plates-formes, n'y a-t-il pas des monticules et des vallées d'ardoises, où les neiges s'amoncellent et où les pluies elles-mêmes sont un danger pour le monument ? Ajoutons qu'un nouveau système de couverture permettrait d'utiliser ce dernier étage, actuellement sans emploi; car, bien qu'il soit, à l'extérieur, la répétition du premier, il n'est, intérieurement, qu'une suite de greniers délabrés. C'eût été bien débuter, à coup sûr, dans ces travaux du Louvre, que de mettre ainsi la dernière main à ce qui existe. On pouvait même achever simultanément le pavillon commencé vis-à-vis la porte du Musée, et le prolonger au nord en pendant de la galerie d'Apollon. Il y avait là matière à dépenser encore deux ou trois millions au moins, et du travail pour un ou deux ans, sans que la question principale, la clôture du Carrousel, eût été compromise. Puis on aurait enfin attaqué ce problème, après avoir amassé les moyens de le bien résoudre ; après avoir, autant qu'il était possible, écarté les chances d'erreur.

Voilà quels étaient nos vœux ; mais à quoi bon caresser cette chimère? Nous l'avons dit en débutant, le sol se creuse, on commence à bâtir ! Laissons donc les utopies, et passons à la réalité.

VIII.

Achèvement du Louvre.

Le projet qui va s'exécuter consiste à continuer en ligne droite, parallèlement à la rue de Rivoli, l'aile septentrionale déjà bâtie depuis les Tuileries jusqu'à la rue de Rohan, et à la conduire sur une longueur d'environ deux cent trente mètres jusqu'à la rencontre d'une autre construction perpendiculaire à la Seine comme la galerie d'Apollon, et longue, comme cette galerie, d'à peu près soixante mètres. Si le projet s'arrêtait là, ce serait le plan du Bernin, le plan que rêvait l'empereur ; les deux palais seraient réunis, et l'espace qui les sépare resterait libre et découvert ; il n'y aurait plus qu'à jeter sur cette vaste place quelques motifs de sculpture, quelques groupes de candélabres d'un beau dessin bien accentué, puis à l'animer par des eaux jaillissantes entremêlées de verdure, pour en composer le plus admirable ensemble qui se puisse imaginer.

Mais le projet ne s'en tient pas là. Il s'empare, du côté du vieux Louvre, au nord et au midi, de deux portions de terrain dont la superficie représente à peu près le quart de la place entière, et il les couvre symétriquement de deux massifs de constructions subdivisés par des cours intérieures (1). Chacun de ces deux massifs a la même importance, et à peu près la même surface bâtie que l'aile qui doit servir à la jonction des deux palais ; d'où il suit qu'après avoir opéré cette jonction au prix d'environ dix millions, le projet emploie vingt autres millions, seulement pour rétrécir la place.

A quoi bon ces constructions additionnelles?

Notre question, bien entendu, est purement architecturale. Nous savons qu'on peut nous dire qu'il existe un programme, que ce programme affecte ces deux groupes de constructions à deux ou trois ministères, au télégraphe, à l'Imprimerie impériale, ainsi qu'aux remises, aux écuries et autres dépendances du palais ; mais, nous en demandons bien pardon, ce ne serait pas là répondre à notre question. Loin de nous la pensée de discuter le programme, c'est-à-dire d'examiner s'il y a nécessité que ces divers services soient transportés aussi près qu'il est possible de la demeure du chef de l'État. Nous regardons cette question comme tranchée ; le programme prononce qu'il y a nécessité, nous acceptons sa décision. Mais comme il nous semble évident que le moyen proposé pour obtenir la proximité de ces services n'est ni le seul, ni le plus efficace, ni le plus commode, ni le plus sûr, nous nous croyons fondé à penser que le programme n'est pas la raison déterminante et nécessaire des constructions, qu'il les utilise mais ne les commande pas, et que leur véritable raison d'être est dans des causes purement architecturales que nous sommes en droit de discuter.

Quelques mots suffiront pour en donner la preuve.

Si, au lieu d'une rue bordée de maisons, telle que la rue de Rivoli, il y avait au nord, comme au sud du Carrousel, une rivière et un quai, nous reconnaissons que, pour loger tous les établissements qu'il s'agit de concentrer autour des Tuileries, force serait de faire subir au Louvre de regrettables additions. Mais la rue

---

(1) Voir le plan, n. 18.

de Rivoli est là pour donner des abris aussi spacieux qu'on peut le souhaiter à tous les services politiques, administratifs et militaires. On peut y trouver place non-seulement pour toutes les dépendances du palais, pour le télégraphe, pour une succursale de l'Imprimerie impériale, pour les ministères de l'intérieur et de la police, mais même, si l'on veut, pour tous les autres ministères, excepté les finances et la marine, déjà logées dans cette même rue. Ce serait même, à bien des égards, une heureuse et convenable combinaison, que celle qui, depuis la place des Pyramides jusqu'à l'hôtel d'Angivilliers, remplacerait les maisons particulières par des établissements publics. Presque toutes ces maisons sont à reconstruire, même celles qui viennent d'être bâties, puisqu'on a l'intention d'en régulariser les façades ; on serait donc encore à temps d'utiliser à double fin les dépenses de ces reconstructions. Quel que dût être le prix d'achat des immeubles à acquérir, indépendamment de ceux que l'État possède déjà, et si loin qu'il fallût étendre en profondeur les expropriations pour satisfaire à tous les besoins, l'économie serait encore grande, et l'État profiterait à coup sûr de plus de moitié des vingt millions qu'exigent les constructions monumentales de la place du Carrousel.

Dira-t-on que les communications seraient moins faciles et moins promptes ? S'il est question des distances, il n'y a qu'à mesurer : elles sont incontestablement moindres, en moyenne, d'un côté que de l'autre, c'est-à-dire du côté de la rue de Rivoli ; si c'est une communication intérieure, loin des yeux du public, qu'il s'agit de ménager, il n'y a qu'à pratiquer sous la rue un ou deux souterrains ; au lieu d'un parcours de près d'un demi-kilomètre à travers les galeries du Louvre, on obtiendra par là un trajet plus direct et une sûreté au moins égale. Cette idée d'un souterrain, nous ne l'inventons pas : elle faisait partie du projet adopté par l'empereur en 1806, projet qui plaçait à l'hôtel d'Angivilliers et dans les bâtiments de l'Oratoire, toutes les dépendances du Louvre. Le souterrain de communication fut même commencé, et on en retrouverait encore les substructions.

N'oublions pas enfin une raison d'un autre ordre, qui nous semble encore plus décisive ; celle qui a déjà fait repousser, comme nous l'avons dit plus haut, la translation de la Bibliothèque nationale au Louvre, c'est-à-dire l'inconvénient d'enfermer des établissements, variables et progressifs de leur nature, dans une enveloppe inflexible, dans une architecture symétrique et monumentale. Voyez le ministère de l'intérieur, par exemple : le voilà maintenant flanqué de l'agriculture et du commerce ; mais qui sait si demain le besoin ne se fera pas sentir de lui adjoindre, soit les travaux publics, comme sous l'empire, soit tout autre département ? Et quand même, par un miracle dont aucun gouvernement n'a encore été témoin, les attributions de ce ministère deviendraient fixes et invariables, on nous accordera que l'agriculture, le commerce, l'industrie peuvent, en quelques années, se développer à tel point que l'importance du ministère en soit tout à coup doublée. Dans ce cas, que fera-t-on ? On ne pourra multiplier ni le nombre des fenêtres ni le nombre des étages ; les lignes des façades ne le souffriraient pas. Voudrait-on mutiler ces façades, les briser, les couvrir d'échoppes et de hangars ? Dieu nous garde d'en avoir la pensée. Les monuments de cette sorte sont des habits taillés une fois pour toutes, et qui ne permettent pas la croissance. Si donc les ministères qu'on veut loger au Louvre s'avisent de grandir, il leur faudra déménager.

Déjà même, sans prévoir ces embarras de l'avenir, c'est quelque chose de fâcheux, c'est tenter une union mal assortie, nous dirions presque incompatible, que d'assujettir aux formes d'un palais les besoins de la bureaucratie. Chacune de ces fenêtres est trop large et trop haute pour n'éclairer qu'un seul employé ; si vous les coupez en deux, ou même en quatre en les entresolant, voilà d'odieuses cloisons, visibles, quoi que vous fassiez, à l'extérieur, qui vont détruire l'harmonie de vos façades. Puis, derrière ces larges trumeaux, on ne voit pas assez clair pour écrire : que de places perdues ! On comprend que, par nécessité, on se soit quelquefois ajusté de la sorte dans de vieux bâtiments ; mais bâtir tout exprès pour loger ainsi son monde, n'est-ce pas s'exposer à des regrets certains?

Nous pourrions nous demander aussi, comme l'idée en vient à tout le monde, si ce n'est pas une expérience périlleuse que de placer, en dessous de nos collections, des corps de gardes et des casernes ; si ce n'est pas faire bon marché d'inappréciables trésors, que de les exposer à de telles chances de détérioration et même d'incendie?

Enfin ce n'est pas non plus sans frayeur qu'on verra transporter, à côté de tant de chefs-d'œuvre, une partie des ateliers de l'Imprimerie impériale, et probablement aussi un de ses moteurs mécaniques. Nous savons bien qu'on pourra dire : Cette imprimerie de création royale n'est pas un hôte nouveau pour le Louvre ; on ne l'y introduit pas, on l'y ramène. Mais, lorsque Louis XIII ordonna que des presses fussent établies dans une partie du rez de-chaussée et de l'entresol de sa grande galerie, c'était à des artistes pour ainsi dire qu'il ouvrait cet asile, c'était pour favoriser les merveilles et les raretés de la typographie. Tandis qu'ici l'intention n'est pas, que nous sachions, de lutter avec les Elzevier, ni d'imprimer patiemment du chinois ou du sanscrit ; on veut des presses qui marchent vite, à grand renfort de vapeur et de fumée. Voilà pourquoi nous voudrions les voir un peu plus loin de nos tableaux.

Il nous semble impossible que toutes ces considérations ne soient pas venues à l'esprit des auteurs du programme, qu'ils n'en aient pas senti l'incontestable autorité ; si donc ils ont passé outre, s'ils ont sciemment bravé de si nombreux inconvénients, il faut une raison, et nous n'en voyons qu'une, celle qui déjà, en 1806, triompha des résistances de l'empereur Napoléon, savoir cette allégation technique : « que les défectuosités inhérentes au terrain qui sépare les deux palais, exigent nécessairement un système de subdivisions, et qu'il est matériellement impossible de maintenir cette place dans toute son étendue. » Aujourd'hui, comme alors, on se sera laissé convaincre que des subdivisions étaient indispensables, et on a cherché à en tirer parti. Dès lors, nous sommes fondés à dire que la destination de ces constructions additionnelles n'est pas leur raison d'être, et qu'on ne peut nous l'opposer. Mettons donc de côté le programme officiel; ce n'est pas à lui que nous avons affaire, c'est seulement à l'architecte, ce qui personnellement nous plaît fort, puisque nous serons en face d'un de nos meilleurs amis, à qui une vieille habitude nous permet de dire la vérité sans que jamais elle puisse être blessante.

Pour MM. Fontaine et Percier, l'impossibilité de laisser à la place du Carrousel toute son étendue résultait des raisons suivantes :

Le manque de parallélisme ;

Le défaut d'un axe commun ;

Les différences de niveau.

Ils ajoutaient, mais seulement comme considération à l'appui :

La trop grande immensité de la place, par rapport à l'élévation des bâtiments.

De toutes ces raisons, M. Visconti n'en adopte qu'une, qui seule est, à ses yeux, un obstacle insurmontable : la différence des niveaux.

Nous disons qu'il écarte les autres ; et en effet, quant au manque de parallélisme et au défaut d'un axe commun, il les affronte résolûment, puisqu'il laisse les deux pavillons centraux du Louvre et des Tuileries en regard l'un de l'autre, sans les masquer, sans aviser, comme ses prédécesseurs, « à empêcher que, d'aucun point, on ne « puisse découvrir en même temps les deux milieux et leur irré- « gularité. » Non-seulement il n'attache, avec raison, qu'une médiocre importance à ces défectuosités respectives, mais, ce que nous approuvons moins, il les rend plus sensibles. Tel sera, du moins, nous en avons la conviction, l'effet produit par l'espace qui restera vide entre les deux massifs de constructions latérales. Quelque large que soit cette ouverture, elle deviendra pour l'œil un guide et un jalon, elle le forcera, malgré lui, à s'apercevoir et à s'inquiéter d'un défaut qui serait imperceptible si l'espace restait vide.

Peut-être même est-il à craindre que de plusieurs points de la place, les deux angles saillants des constructions nouvelles, plus rapprochés de l'œil que la façade du vieux Louvre, n'accusent plus fortement le grand angle rentrant du sud-ouest des Tuileries. Mais malgré ces appréhensions, et dussent-elles se vérifier, s'il nous fallait absolument choisir entre le plan de MM. Fontaine et Percier et le projet de M. Visconti, nous opterions sans hésiter pour celui-ci, par cela seul qu'il pratique cette large ouverture, et que, s'il réduit la place d'un quart, ce qui est déjà beaucoup trop, il n'en confisque pas la moitié.

Quant au prétendu défaut d'élévation des bâtiments par rapport à l'immensité de la place, c'est aujourd'hui chose jugée. D'abord il est loin d'être vrai que pour tout bâtiment les proportions de hauteur et d'étendue soient soumises à des règles constantes : à ce compte, il faudrait que la galerie du Louvre fût deux ou trois fois plus élevée que les tours Notre-Dame. Ces rapports proportionnels varient selon la destination des monuments; et l'œil, averti par l'esprit, comprend aussitôt quelle hauteur convient à une galerie. Déjà de l'autre côté de la rivière celle-ci ne semblait pas trop basse, il en sera de même du dedans de la place, surtout après le nivellement, lorsque la proéminence qui maintenant occupe la partie centrale sera creusée de 2 mètres 70 centimètres, ainsi que l'annoncent tous les projets, et lorsque l'enlèvement de cette masse énorme de terre aura donné à toutes les constructions environnantes une apparente surélévation.

Ajoutons que si les toits de ces deux galeries offraient deux lignes continues trop uniformes, il serait aisé, et conforme aux traditions historiques, d'interrompre ces lignes en rétablissant dans la toiture de légères diversités qui ont existé jusqu'au temps de Louis XIV, et qui caractérisaient chacune des constructions différentes dont se compose la galerie du bord de l'eau. On pourrait enfin donner plus d'importance au campanille du guichet Lesdiguières, et restituer au pavillon qui lui est contigu son véritable caractère en le surélevant d'un étage comme le grand salon, dont il est, dans sa partie inférieure, l'exacte répétition. Ces divers exhaussements, étant reproduits symétriquement sur la nouvelle galerie du nord, accidenteraient suffisamment les deux lignes de toitures, pour qu'il n'y eût à redouter aucun danger de monotonie.

Ainsi, de toutes les raisons capitales produites en 1806 pour déterminer l'empereur, il n'en reste plus qu'une seule, la différence de niveau. Celle-là, nous le reconnaissons, est plus sérieuse que les autres; mais faut-il la considérer comme un obstacle insurmontable? Toute la question est là.

Tâchons d'abord d'expliquer de quoi il s'agit.

Une moitié de la grande galerie, la partie la plus rapprochée du Louvre, celle dont historiquement l'origine est une énigme, et dont la construction présente ces gracieuses disparates que nous avons essayé d'expliquer, est fondée, comme nous l'avons dit et comme on peut aisément s'en convaincre, en contrebas du sol du Louvre. La différence de niveau est d'environ 2 mètres 50 centimètres.

Vis-à-vis de cette galerie, la rue de Rivoli est, à peu de chose près, au même niveau que le seuil du Louvre. En supposant qu'on pût la baisser un peu, ce qui par parenthèse ferait grand bien au Palais-Royal, le maximum de cet abaissement serait de 30 à 40 centimètres au plus; on peut donc considérer qu'il y a environ deux mètres de différence entre le sol de la galerie et la portion du sol de la rue de Rivoli qui lui fait face et où il s'agirait de la reproduire en *fac-simile*, si la place devait être maintenue dans toute sa grandeur.

Dès lors on doit comprendre où gît la difficulté. Mettre en regard l'une de l'autre deux façades de même ordonnance, dont l'une aurait sa base à deux mètres plus haut que l'autre, c'est quelque chose assurément de *matériellement impossible*, non-seulement parce que cette différence de hauteur dans deux édifices parallèles et symétriques serait choquante et disgracieuse, mais, ce qui est encore plus grave, parce que celui des deux qui serait fondé plus haut que l'autre ne se raccorderait plus dans ses parties supérieures avec les constructions auxquelles il doit être accolé.

N'oublions pas en effet que ce qui permet à la grande galerie, composée de deux parties de hauteur inégale, d'être de plain-pied au premier étage, c'est que la plus haute de ces parties, celle dont il est ici question, est fondée plus bas que l'autre; relevez-la de deux mètres, le plain-pied n'existera plus. Voilà pourquoi MM. Percier et Fontaine, et M. Visconti, qui sur ce point adopte leurs idées, prétendent qu'on ne peut pas opérer la jonction des deux palais en se bornant à construire, à la suite de l'aile déjà bâtie jusqu'à la rue de Rohan, une imitation littérale, et, comme nous disions tout à l'heure, un *fac-simile* de la galerie de Dupeirac. Si le terrain s'infléchissait au nord comme du côté du quai, ils admettraient peut-être cette manière si naturelle de clore le Carrousel; mais, avec le terrain tel qu'il est, la difficulté leur paraît insoluble. Modifier leur modèle tout en le copiant, le rapetisser d'une manière insensible en diminuant certaines parties du soubassement, il n'y faut point penser, car la différence de hauteur est trop forte pour être ainsi rachetée; composer une façade moins haute de deux mètres, mais d'un dessin tout nouveau, ils n'oseraient se le permettre, et ils ont bien raison, car ce serait une bigarrure déplorable. Il n'y a donc, à leurs yeux, qu'un moyen de sortir d'embarras, c'est de renoncer franchement à reproduire cette portion de la galerie, cause de tout le mal. Ne cherchons pas à la copier, disent-ils; cachons-la au contraire, enfermons-la dans une cour intérieure formée par une aile parallèle que nous pousserons jusqu'au point où le sol s relève, c'est-à-dire jusqu'au guichet Lesdiguières. Au dedans de cette cour, nous laisserons le sol tel qu'il est, c'est-à-dire de niveau avec le socle de la galerie, tandis qu'à l'extérieur nous nous relèverons tout à notre aise à la hauteur du sol du Louvre. La différence de niveau sera ainsi concentrée dans la cour et invisible du dehors. Puis, pour satisfaire la symétrie, nous établirons vis-à-vis une autre cour de service en doublant l'aile de la rue de Rivoli comme nous aurons doublé la galerie du bord de l'eau, et aux façades extérieures de ces deux massifs parallèles nous donnerons un caractère architectural de notre composition, libres de nos mouvements, et sans être assujettis à l'obligation gênante et *impossible* de reproduire sur un sol différent une même architecture.

Voilà ce que proposaient MM. Percier et Fontaine, en y joignant leur aile transversale qui coupait la place en deux ; voilà ce que propose M. Visconti en supprimant l'aile transversale : à cette seule différence près, le système est le même.

Est-ce vraiment le seul moyen de résoudre le problème ?

Nous en voyons un autre, à notre avis, plus naturel, c'est d'appliquer à la place entière l'expédient dont on veut faire usage seulement dans la cour de service. Cet expédient consiste à asseoir les deux façades d'un même édifice sur deux sols différents, ce qui se fait tous les jours, ce qui est parfaitement admis et régulier en architecture. Quand on plante un bâtiment entre cour et jardin, il arrive sans cesse que la cour est plus haute que le jardin, ou réciproquement, selon que le sol le commande ; on en est quitte pour diversifier l'ordonnance des deux façades. C'est là ce qu'on veut faire ici ; on compte reproduire à l'intérieur de la cour de service la façade de la galerie, et rien n'est plus facile, puisqu'on se place au même niveau ; extérieurement, au contraire, on se propose de composer une façade d'une autre architecture, en ayant soin de lui donner deux mètres de moins d'élévation. Eh bien ! ce que vous voulez faire là, vous pouvez tout aussi bien le faire le long de la rue de Rivoli. Il n'est donc pas matériellement *impossible* de reproduire, du côté du nord, l'architecture de la galerie du sud, et vous pouvez, si vous le voulez, enclore dignement la place sans l'obstruer de constructions additionnelles. Pour cela, il s'agit seulement de creuser un peu le terrain et de le mettre en contre-bas de la rue de Rivoli sur une longueur d'environ 150 mètres, c'est-à-dire depuis le Palais-Royal jusqu'au Louvre, en prenant pour niveau, dans toute la largeur de la place, le socle de la galerie du bord de l'eau ; puis d'opérer le nivellement général en remontant du pied du Louvre, comme point le plus bas, jusqu'au château des Tuileries par une pente insensible, entremêlée seulement de quelques légers plis, de quelques ondulations, pour diviser l'écoulement des eaux au moyen de conduits souterrains ménagés de distance en distance. Est-il besoin de dire quel effet imposant, quelle heureuse perspective résulterait du nivellement ainsi conduit?

Hâtons-nous toutefois d'ajouter qu'en adoptant ce parti, il faut renoncer à établir, vis-à-vis du Palais-Royal, une communication de plain-pied avec le Carrousel. Ce n'est pas là, ce nous semble, un bien gros inconvénient. On ouvrirait des guichets pour les piétons, et même, à la rigueur, au moyen d'une pente douce, on pourrait donner passage aux voitures; mais nous ne pensons pas que ce fût nécessaire. La grande circulation des voitures sur la place du Carrousel s'établira toujours dans la direction des ponts, et nous ne voyons aucune chance que jamais on doive jeter un pont vis-à-vis le Palais-Royal, c'est-à-dire à cent mètres tout au plus du pont des Saints-Pères.

Quant à la communication de la cour du Louvre avec le Carrousel, il va sans dire que là aussi on n'aurait pas de plain-pied; mais ce serait, nous en avons la certitude, au grand avantage et de l'aspect du monument, et de la décoration de la place. Une double rampe semi-circulaire, à laquelle un habile artiste imprimerait aisément un grand et beau caractère, donnerait accès, par la pente la plus facile, aussi bien aux voitures qu'aux piétons, et aurait en même temps un autre mérite à nos yeux, celui de rétablir, pour ainsi dire, l'ancien état du monument par rapport à son voisinage. Il faut se rappeler, en effet, quel était le niveau de l'ancienne rue Froidmanteau. Les basses cours du Louvre n'étaient ainsi nommées que parce que du haut de ses fossés le Louvre les dominait, et Lescot, ne l'oublions pas, eut grand soin de maintenir à son œuvre ce caractère primitif de majesté et de domination, au moyen du robuste soubassement qui est aujourd'hui enterré, et dont ce grand perron deviendrait comme un équivalent.

Enfin, pour tout prévoir, il est une objection qui nous sera peut-être faite : on nous dira que quelquefois (c'est-à-dire, à parler vrai, une ou deux fois par siècle) on a vu l'eau de la Seine pénétrer dans les petits guichets de la galerie du sud, et qu'en prenant le seuil de ces guichets comme niveau d'une partie de la place, on risque de la voir de temps en temps inondée. A cela, notre réponse est simple : Vous acceptez ce même sol pour les cours de service que vous vous proposez d'établir le long de la galerie, vous croyez donc que les chances d'inondation sont assez rares et assez peu sérieuses pour qu'il soit inutile de chercher à s'en garantir. Ce qui est vrai pour l'intérieur de ces cours, le sera pour la place entière.

Nous n'insisterons pas davantage; il est temps de nous arrêter. Notre dessein n'est pas de présenter un projet; nous voulions seulement essayer de démontrer à ceux qui auraient la patience de nous suivre, que le système adopté n'est pas le seul possible; qu'il n'y a ni empêchement matériel, ni même difficulté sérieuse à réunir le Louvre et les Tuileries de la seule façon qui, selon nous, soit digne et grandiose. Les obstacles qu'on allègue se tournent, on l'a vu, en occasions de nouvelles beautés; la différence du niveau franchement accusée, en plein soleil, et non déguisée à si grand'peine derrière des monceaux de pierres, est un de ces hasards heureux dans les arts, un de ces accidents d'où naissent les belles choses. De la déclivité légère et prolongée de cette immense place résulterait, nous en sommes certain, des effets aussi majestueux qu'imprévus. Puis, outre cet avantage de la grandeur, le premier de tous, celui que rien ne remplace, que rien ne compense, nous en trouvons deux autres à notre plan, deux avantages inestimables aussi : le premier c'est de sauver de l'oubli, de la mutilation, et d'une sorte d'ensevelissement, cette charmante façade de Depeirac et de Métézeau (peut-être même en partie de Delorme), ce joyau, un des plus précieux de l'ancien Louvre, encore à peine dégrossi, et pouvant se prêter sous d'habiles ciseaux à tant d'effets brillants et variés; le second, c'est de n'exiger aucun effort d'invention pour achever le Louvre, et de ne fournir ni occasion, ni prétexte d'introduire dans ce grand ensemble monumental ces disparates et ces mésalliances que trop souvent il a dû subir.

Certes nous sommes rassurés plus que personne par le goût, par l'expérience, par le tact sûr et délicat de celui qui conduira ces travaux. Nous l'avons vu à l'œuvre en plus d'une occasion difficile, et lorsqu'en 1840 nous protestions publiquement au nom de l'art, comme nous le faisons aujourd'hui, contre le choix de l'emplacement destiné au tombeau de l'empereur, nous n'aurions, à coup sûr, jamais osé prévoir que l'artiste surmonterait, comme il l'a fait, presque tous les obstacles entassés devant lui. Nous savons qu'au Louvre comme aux Invalides, il luttera contre les périls de son entreprise sans se lasser jamais, comme un homme qui aime son art; nous ne doutons pas non plus que dans ses élévations il ne se rapproche beaucoup mieux qu'on ne l'eût fait en 1806 du véritable esprit du Louvre; nous ne redoutons de sa part ni les folies de l'*ordre colossal*, ni le mépris des combles apparents, ni l'amour immodéré des balustres, et nous espérons bien que, même en encadrant la façade de l'Horloge entre deux masses d'architecture plus ornée, il saura respecter le mâle et vigoureux contraste que Lescot s'était imposé entre le dedans et le dehors de son Louvre. En un mot, nous sommes convaincus que tous les moyens d'atténuer le mal, il saura les saisir; mais, si bien qu'il s'en tire, nous n'en regrettons pas moins toujours qu'à une ingrate mission il n'ait pas pu préférer cette tâche plus facile, plus sûre, plus vraiment glorieuse, l'achèvement d'une grande chose par les moyens les plus simples et les plus grands.

Est-il donc vrai qu'il ne soit plus temps de faire entendre ces paroles? Pourquoi nous en cacher, c'était un de nos rêves, quand nous voyions s'écrouler pièce à pièce ces murailles enfumées, ces ignobles échoppes, lorsqu'à chaque matin un agrandissement nouveau venait confirmer nos conjectures, lorsqu'enfin la place entièrement déblayée se montrait à nos yeux comme prédestinée à rester dans toute sa grandeur; c'était, dis-je, notre rêve et notre espoir que nous la verrions terminer dans les conditions majestueuses que nous avions toujours conçues. Et voilà qu'au moment où nous achevons ces lignes, la pioche commence à entamer non plus seulement le périmètre extérieur, mais le sol même où devront s'asseoir les constructions additionnelles ! Ainsi, c'est pour tout de bon, on va bâtir ces deux massifs, et quand ils auront été bâtis, ce ne sera pas pour un jour ! Il en est dans ce pays tout autrement des monuments que des institutions : une fois qu'ils sont debout, on regarde à les jeter par terre. Mais le mal, encore un coup, est-il donc sans remède ? Si demain un plan bien net et bien dressé démontrait qu'on peut convenablement loger tous les services, toutes les dépendances du palais, derrière les quatre ou cinq cents mètres de façade qui de la place des Pyramides s'étendent jusqu'à l'hôtel d'Angivilliers ; si les profils les plus sûrs et les mieux cotés rendaient aussi claire que le jour *la possibilité matérielle* de laisser à la place toute son étendue, qui oserait nous prédire un refus, sinon de changer brusquement d'avis, du moins d'examiner, de réfléchir ? Croire à cette obstination, ce serait de notre part malveillance et parti pris. Nous ne jouons pas un tel jeu ; aussi nous sommes-nous permis de dire franchement la vérité, ne pouvant nous imaginer que dans un temps où les pensées du fondateur de l'empire trouvent tant d'échos complaisants, où ses moindres paroles se transforment en oracles, on ne puisse obtenir au moins quelque attention pour ces mots échappés à son génie : IL N'Y A DE BEAU QUE CE QUI EST GRAND : L'ÉTENDUE ET L'IMMENSITÉ FONT OUBLIER BIEN DES DÉFAUTS.

NOTE

SUR LE PLAN DU LOUVRE.

Ce plan n'exprime que sommairement et d'une manière générale la chronologie du Louvre. Il aidera, nous le pensons, à l'intelligence du texte; mais le texte, à son tour, devra souvent lui servir de commentaire.

Un plan ne représente qu'un seul étage d'un édifice; or il y a plusieurs parties du Louvre dont les étages superposés n'ont pas été bâtis aux mêmes époques : telles sont particulièrement les divisions numérotées 4, 5, 6, 7. Le texte seul, pour ce qui les concerne, peut indiquer ce que le plan ne saurait montrer aux yeux.

Il est également impossible qu'un simple plan figure les remaniements plus ou moins compliqués qu'a subis telle ou telle partie d'un monument. On ne pourra donc, par exemple, trouver que dans le texte ce qui regarde les changements opérés par Levau dans le pavillon central des Tuileries, et dans les autres parties de ce palais bâties avant Louis XIV.

Il est aussi des constructions où le travail de plusieurs époques se trouve tellement mêlé et confondu, qu'on ne peut demander à un plan de distinguer ce qui appartient à chacun; telles sont les constructions attribuées exclusivement à Henri IV par le n° 11, et les contructions contiguës qui, sous le n° 12, sont données tout entières à Louis XIII. Cette portion du Louvre, qui contient aujourd'hui l'entrée, l'escalier et l'administration du Musée, a été rajustée et refondue tant de fois, qu'elle ne saurait figurer exclusivement au compte d'aucune époque. Les deux numéros inscrits sur le plan veulent donc seulement dire que la plus grande partie de chacun de ces deux corps de logis peut être attribuée à Henri IV et à son fils.

Enfin, comme un plan ne peut pas se composer de lignes incertaines, il faut renoncer à lui faire traduire certaines questions complexes ou douteuses. Ainsi, quel est, dans la cour du Louvre, le point précis où finissaient les travaux de Louis XIII et où commençaient ceux de Louis XIV? Il faudrait bien des dessins et bien des explications pour en donner une idée nette. En coupant, sur le plan, le pavillon du Nord par le milieu, on a pris pour ainsi dire une moyenne, et donné une indication seulement approximative. Ici encore, le texte seul peut rectifier le plan.

Sous le bénéfice de ces observations et de ces réserves, on peut user avec confiance de ce tableau chronologique du Louvre.

TABLE DES MATIÈRES.

		Pages.
Avant-Propos		3
I.	Le Louvre depuis Philippe-Auguste jusqu'à François Ier	7
II.	Le Louvre sous François Ier et sous Henri II	15
III.	Le Louvre sous les trois fils de Henri II	28
IV.	Le Louvre sous Henri IV	38
V.	Le Louvre sous Louis XIII	54
VI.	Le Louvre sous Louis XIV	61
VII.	Le Louvre depuis Louis XIV jusqu'à nos jours	87
VIII.	Achèvement du Louvre	102

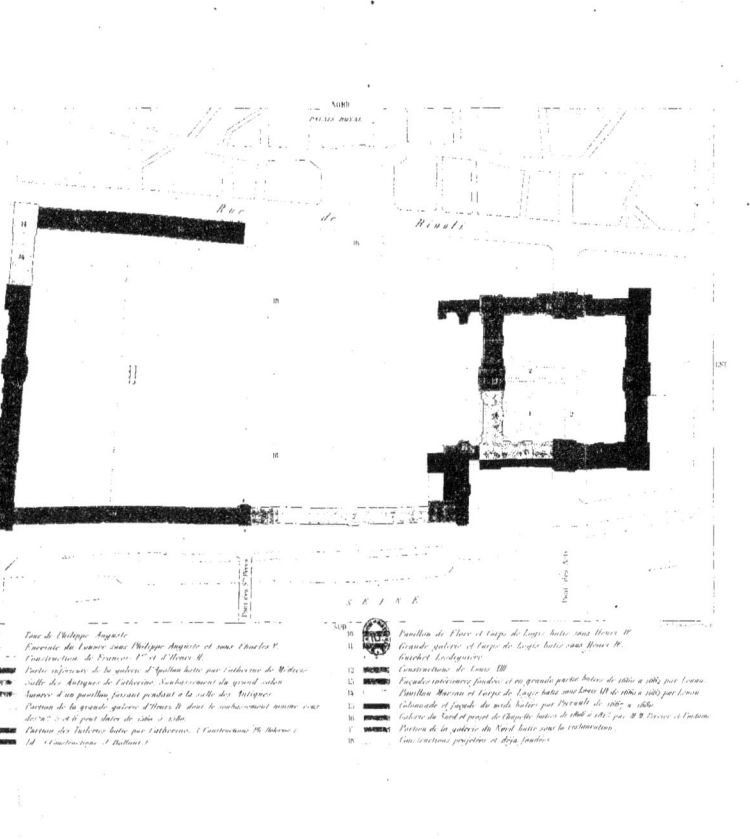

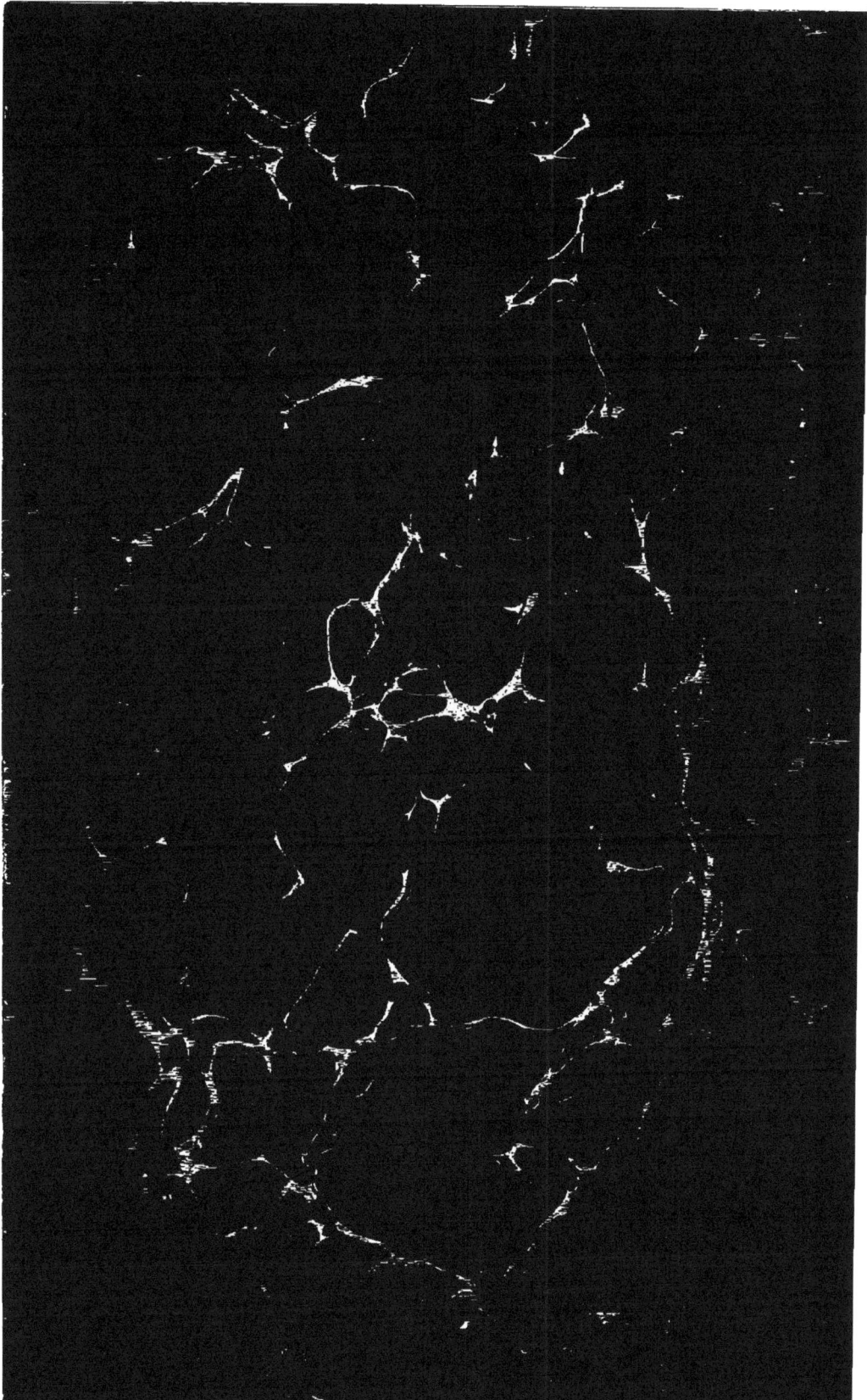

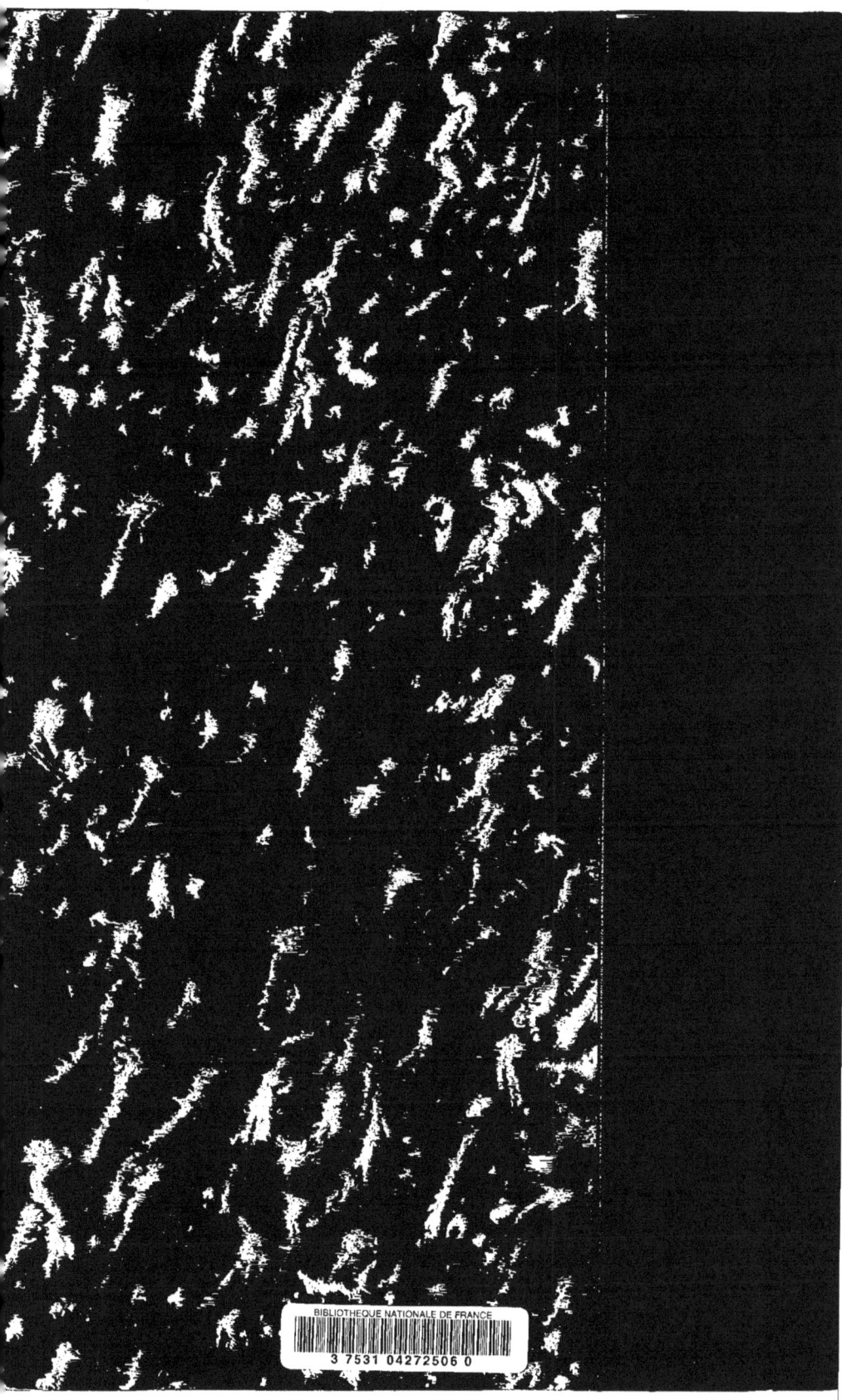

www.ingramcontent.com/pod-product-compliance
Lightning Source LLC
Chambersburg PA
CBHW060154100426
42744CB00007B/1023